高校生からわかる社会科学の基礎知識

酒井峻一
Shun-ichi Sakai

まえがき

皆さんは「社会科学」という言葉を聞くと、どんなことを思い浮かべますか。「なんとなく難しそう」というイメージを持っている方が多いでしょうか。

実は「社会科学」はとくに難しいものではなく、「政治や経済といった人間の活動を探究すること」と言い換えることができます。要するに「社会科学」は、小学校の科目でいう「社会科」や、中学校の科目でいう「公民」、高校の科目でいう「現代社会」「政治・経済」が、もっと本格化したような内容のことなのです。その意味では、皆さんはすでにやさしい段階の社会科学に触れてきたといえます。

この場合の「本格化」とは、まず社会の法則や構造を根本的なレベルで解き明かすことから始まります。たとえば、中学校や高校で軍隊は国家を守る組織だと教わるかもしれませんが、社会科学ではもっと深く検討し、定義しています。

社会科学では、それが成立した歴史（とくに近現代史）、法的な性質、経済的な性質、政治的な性質などにまで踏み込むことが求められます。もちろん、これに伴って、そもそも「法とは何か」「政治とは何か」と用語の根本的なところを考えることも「社会科学」です。そして、これらの基本的な性質をもとに具体的な政策を考えることが、社会科学の応用段階だといえます。

さて、本書は初学者に基本段階の社会科学を総合的に理解していただくために、他に類を見ない工夫をしています。

一番の特長として本書は、近代科学↓近代法↓近代経済↓近代政治という章構成になっています。これは筆者の試行錯誤から生まれた、社会科学の理解にとって最適と考えられる構成です。

さらに、各社会科（公民・歴史・地理）を融合し、自然科学の基礎と対比することによって、思考力の涵養、問題意識の啓発、応用段階への橋渡しがなされるよう様々な工夫を凝らしています。そして社会人としての常識が身につき、社会科学の面白さを理解できるよう努めました。

こうして社会科学に触れれば、今まで習ったり見聞きしてきたやさしい段階の社会科学が洗練され、きっと社会科に対する関心が向上するでしょう。前に述べた「本格化」によって、今まであいまいな形で理解・暗記していたものが根本からわかるようになるため、社会科が面白くなるともいえるのです。これは、大学受験や大学教養課程に限らず、選挙における意思決定や日々のニュース理解の際に大いに役立つはずです。

酒井　峻一

目次

序章

社会科学とは何か

本章のポイント

- ☑社会は人と人との関係からつくられるが、自然は人の動きとは関係なく存在している。
- ☑社会科学とは、社会を客観的に分析する学問の総称である。
- ☑社会制度の基礎は各国（とくに先進国）で共通している。
- ☑近代の法学や経済学の功績は西洋人によるところが大きい。よって、社会科学の基礎を理解するには彼らの動きを中心に見る必要がある。
- ☑西洋で近代が始まったのは大航海時代以降といわれるが、ウェストファリア条約や市民革命を起点とする説もある。
- ☑近代とは自由主義や個人主義といった精神がつくられた時代だ。

1 社会の科学的な見方

社会の共通性

わたしたちは日々、社会の中で生きています。社会とは、**人と人との関係からつくられる領域**のことです。

そうした社会のニュースをいくつか見ると、あることに気がつきます。それは時代や地域によって傾向が異なるということです。たとえば、日本とアメリカでは税率も解雇規制も異なりますから、それに応じてニュースの題材となる人々の生活や政府の政策も異なってきます。

しかし、社会を広く見渡すと、法・経済・政治の基礎には他国と類似性が見出せることがあります。これはたとえば「先進国は民主的な体制をとっている」とか「社会は好況と不況を周期的に繰り返している（＝景気循環）」というようなことです。法・経済・政治の基礎は各国で共通していたり似ていたりするのですが、税率や解雇規制という法・経済・政治の応用分野となると、時代や地域によって変わります。

こうした社会の法則や構造を客観的に分析し、探究するのが社会科学という学問です。科学とは、だれもが客観的に認識できる体系です。本書でおもに扱う、法学・経済学・政治学の基礎は社会科学の代表格です。

社会の不安定性

ただし、社会を科学的に扱うとはいっても、社会の法則と構造は**人の動きや価値観とは関係なく存在する自然界**の法則と構造ほど安定していません。実際、天体の動きや物質の沸点などと比べると景気循環は不規則ですし、先進国や民主主義という言葉を厳密に定義することも難しいのです。

これでは社会科学は「科学」とは呼べないのかもしれません。しかし、それでも多くの普遍性を見出せるので、その点を探究することは広く役立ちます。

2　近代とは何か

近代化と社会科学

さて、社会科学を探究するうえで重要なのは、法・経済・政治（法学・経済学・政治学）が本格的に発達したのは近代からだということです。

より正確にいえば法や経済が発達した時代こそが近代であり、それまでの共同体は現代ほどの明確な法や機関がなくても、共同体の長が皆を適当に舵とりするだけで十分であったということができます。しかし、その後、農業の生産力が上がり、それとともに人口が増えると、法も経済も政治も複雑化していきました。

西欧の飛躍と学術の発達

この複雑化した近代の政治や経済を牽引したのが西欧です。中世の時点での先進国は中国と中東諸国であり、西欧は停滞していましたが、大航海時代以降からは西欧が大きく飛躍しました。それは西欧が、中国や中東諸国の先進的な所産を利用できたからということもありますが、その後の社会科学の成り立ちを紐解くには、彼らの発展を中心に見ていく必要があります。

時代区分としての近代と実質面での近代

社会科学の基礎とともに近代社会の成り立ちを見ていくうえで、第1章から第4章までは「前近代」と「近代」という言葉がたびたび登場します。ここで「近代」とは何なのかという疑問が出てくるでしょう。この疑問の解決に近づくには二つの視点から歴史を見ることが必要です。

第一に単純な時代区分という視点です。筆者は西洋史において近代が始まったのは**大航海時代**と考えていますが、他にも**ウェストファリア条約**や**市民革命**を起点とする説もあります。一方、日本史における近代の幕開けは**明治時代**という説が濃厚です。しかしながら、西洋史における近代の幕開けは柔軟に考えてよいかと思います。また「近代」に似た言葉として「近世」という時代区分もありますが、こちらは日本では江戸時代が相当し、西欧では一六世紀から一八世紀までが相当します。

第二に実質面という視点です。近代とは、法や経済、そして芸術や科学技術が発達しただけでなく、西洋を中心に、世俗化、自由主義、個人主義、資本主義、人間中心主義、ナショナリズムといった精神が出来上がっていった時代でもあります。「主義」とは、自らの主張や社会の指針を表すことです。たとえば「自由主義とは、自由を求める立場だ」というようなことです。近代という言葉は精神の西洋化をも意味するのです。

そのような精神が生まれていった過程や結果に目を向けると、たとえば日本は政治制度や科学技術面では近代化していますが、自由主義については欧米ほど浸透していない（＝近代化していない）という見方ができます。近代を単純な時代区分として見るだけでなく、人々の精神や政治制度の節目と見ると、国家による近代化の違いが見えてきます。

歴史的な視点も含めて社会科学に関する基礎知識や思考力を身につけておくと、日々のニュースについて今までとは違った見方ができるようになります。本書をきっかけに社会科学を単なる暗記分野と見なすのではなく、思考力や問題意識も身につけられる機会ととらえていただければ幸いです。

第1章
近代科学

本章のポイント

- ☑古代は宗教色の強い世界である。
- ☑一四世紀にはルネサンスが始まり、西欧人は世界をありのままに観察したり描いたりするようになった。
- ☑近代科学の特徴は個や基本法則を重視することにある。
- ☑近代化とは西洋化とほぼ同義である。
- ☑産業革命期には理論と発明が結びつき、魅力的な製品がつぎつぎにつくられた。
- ☑近代から現代にかけて戦争の規模は大きくなったが、戦争の回数は減った。

1 科学の成り立ち

宗教色の濃い世界

今から一万年ほど前、一部の地域で牧畜と農耕が始まり、それにあわせて人類は定住を始めたといわれています。牧畜や農耕の生産性が高まり、飢饉に備えて食料が蓄えられるようになると「貧富」の差と「国家」が生まれました。

紀元前の共同体の習俗は、呪術やアニミズム（精霊信仰）など**多神教的な世界観**に根ざしていました。共同体の構成員は均質であり、自然発生的な言語や文化によって無自覚にまとまっていました。とくに古代のメソポタミアや殷では、共同体の秩序は神意をもとに形成・共有され、それを軸とした神権政治が行われていました。

図1　国家の起源に関するおもな学説

家族説	家父長制の拡大から成立
征服説	他の共同体の征服によって成立
階級説	国家は支配者階級が他の階級を支配するための装置
農耕説	農耕におけるリーダーの登場によって成立
社会契約説	人々の契約によって成立
王権神授説	王権および国家は神からの授かり物

紀元前八世紀頃になると、ギリシャやローマなどで都市国家が生まれました。都市国家ではおもに奴隷が働いており、有閑階級は政治や芸術・文化にいそしんでいました。

中世の西欧は暗黒時代か

都市国家が栄えた頃、西洋における哲学や多くの学問の基礎はアリストテレスらの手によって生み出されましたが、四世紀・五世紀には異民族がローマ帝国に攻め込んできたために古代ローマの遺産は一部壊されてしまいました。

このように中世の西欧は古代文化が失われ、カトリックの権威が強かったという点から**暗黒時代**と見なされることもあります。しかし長い中世では、人々が古代文化を受け継いで中世独自の文化を発展させた時期や地域もあったため、中世の西欧が暗黒時代だったという見解はほぼ否定されています。とくに一一世紀頃、商業が栄えていたイタリアでは自治権を得た都市が成立し、中世後期にはルネサンスの文化人を支える富豪が現れました。

古代文化の再生

中世後期と位置づけられる一四世紀頃、イタリアから始まった**ルネサンス**では個性的な文化が生み出されていきました。ルネサンスとは**再生**という意味です。この場合の再生とは、古代ギリシャ・ローマ文化や人間性の再生です。

当時、ヨーロッパ世界は十字軍の遠征や東方貿易などを通じて、高い文明水準を築いていたアラブ世界と積極的に関わっていました。なかでもイタリアには東方の文物がよく伝わっており、経済も活気を呈していました。イタリアの学者たちは古代の産物が残る刺激的な環境で古代文化や人間性について盛んに研究していたのです。そして同じように市民のなかにも自由や人間性の解放を求める動きが生じました。

そんな雰囲気の中で一部の西欧人は人間が本来持っている力を開花させ、写実的な芸術を生み出しました。古代に真理を求める哲学がもてはやされたように、ルネサンス期でも個人の資質を活かしつつ世界をありのままに表現することが広まり始めたのです。

科学は人々の営みの連なり

つまり、宗教改革と並行していたルネサンス後期において、人間は宗教的権威に縛られない道を見出したといえます。たとえば以前は天動説が定説で、地球が宇宙の中心に位置し、その周囲を太陽がまわっていると信じ込まれており、学者が天動説を覆すのは政治的にも困難でした。

しかし、一六世紀にポーランドのコペルニクスは古代の文献を通じて得た地動説の見解を確認すべく観測に励み、地動説は後続の学者たちによって論証されていきました。人間は宗教的権威や偏見から少しずつ解き放たれ、世界を客観的に観察できるようになったのです。

とくに、その頃からの西欧人による新大陸の開拓を通じて発見された未知の病や動植物は、科学者の研究意欲を大いにかき立てたといわれています。

一六世紀から一七世紀には顕微鏡や温度計といった自然を客観的に測れる器具も発明され、デカルトやニュートンが科学の基礎を生み出しました。その頃の西欧では**魔女狩り**という非科学的な迫害も行われましたが、近代西洋の科学は西洋思想と結びつき、他文明と積極的に交わったことで研ぎ澄まされ、他文明を圧倒するようになりました。

2 科学の性質

科学の宗教的な側面

近代西洋の科学と思想に共通した特徴は、**個（個体・個人・個物）優位**の傾向です。個優位とは、思想面では人間の権利や行動原理を個に基づかせること、さらに自然科学では細胞や分子といった小さい単位を割り出しつつ事象の本質を解き明かしていくことです。

また、近代科学の特徴としては**基本法則**を重視することも挙げられます。これは一七世紀から一八世紀の学者は、発明よりも基本法則の追究に熱心だったということです。たとえばガリレイの落体の法則やケプラーの惑星運動の法則は、その代表格です。

このように基本法則が重んじられるようになったのは、一六世紀にそれまでのカトリック中心の秩序が乱れたために、宗教から切り離された、だれにとっても信じられる正当性と永続性が求められたからだといわれています。

基本的に科学（とくに自然科学）の正しさは、信じる者の多寡とは関係なく、観察と実験によって確かめられます。しかし、たとえば「等速直線運動」を完璧に観察できないにもかかわらず、揺るぎない真理と見なすとすれば、科学は宗教的な性質を帯びているといえます。こうした二元性の中で学者は科学的実験の繰り返しと客観的な証明によって世界を理論化していきました。

近代のおごり

それまで、理論の構築は社会のエリートである学者が担う一方で、物や技術の発明は職人・企業家が担っており、両者は密接に結びついていませんでした。しかし、産業革命などを機に両者は密接に結

図2　科学に必要とされる要素

客観性	再現性
論理性	単純化
実証性	反証可能性

びついたため画期的な発明がつぎつぎと生まれ、科学者には豊かさの実現と疫病撲滅への願いが託されました。その普遍的な成果は人々の意識を変え、通商や植民地政策を通じて東洋にも伝わっていきました。

近代科学は高度に専門分化しながら様々な現象を解き明かし、工業技術にも応用されていきます。とくに工業技術と資本主義に基づいて大量に生産された商品は人々の生活を豊かにし、その後の人類の方向性を決定づけていきました。

このように、いわゆる近代化とは**西洋化**に近い事象なのです。しかしながら、近代化によって人間中心の秩序が築かれたために「おごり」も生じました。

その「おごり」とは「科学や経済が発達すればするほど人間は幸せになれる」「世界は人間中心に動いている」「自国（自分）にさえ利益があればよい」「合理的なことや進歩はよいことだ」「西洋の価値観に従わない者は異端だ」という近代特有の原理・価値観です。

このような価値観は、一九世紀・帝国主義の時代から二度にわたる世界大戦までにとくに高まりました。

戦争は大きくなったが回数は減った

一九世紀後半、近代国家は、それまで安い労働力と見なされていた児童に対して労働規制と義務教育体制を敷いて、将来を担う人物として戦略的に育てるようになりました。高等教育は国策に役立つ人材を輩出するように位置づけられ、科学者は国家から支援を受けつつ、多くの民間人を巻き込む兵器を生み出しました。科学者のなかには人々の暮らしを豊かにしたいという純粋な想いで文明の利器を発明した人もいたのでしょうが、近代国家が優れた科学技術を見逃すことはなかったのです。

もっとも、近代兵器の登場により戦争の規模は大きくなりましたが、人類は戦争抑止のための主権国家や法を整え、さらに経済も成長したために（＝略奪する必要がなくなった）、戦争の回数は前近代よりも減りました。

図3　多くの長崎市民を巻き込んだ原爆

近代科学を縮小することの難しさ

現代でも途上国では戦争が頻発していますが、先進国を中心に戦争の回数は全体的には減っているといえます。しかし、戦争の回数は減ったとはいえ、いまだに多くの国家は軍備を拡充することに積極的です。軍備の拡充には大きな資本と権力が必然的に関わるため、大きな利権が生まれる一方、軍備は現実の国家運営に必要なため、縮小されにくいと考えられます。

また軍備だけでなく、文明の利器もリスクとともに増大していく傾向があります。たとえば、飛行機や自動車は鉄道に比べて燃費面で非効率な乗り物であり、さらに公害や事故によるリスクが大きいとしても、鉄道とは異なる利便性があり、またそれらは多くの企業が関わる産業ですから縮小しにくいということです。

つまり、文明の利器が減少すると現代人の幸福感は総じて減るわけです。しかし、あまりにも野放しにしておくと将来世代にとっての環境が悪くなってしまいます。科学の発達を野放しにするのではなく、また、やみくもに縮小するのでもなく、社会事情（燃料を確保するための外交と安全保障など）も考慮しつつ全体のバランスを調整することが現代人に求められています。

第2章

近代法

本章のポイント

☑法は外面的な強制力を持つ規範であり、道徳は内面的な規範として法を補う。

☑近代法は西洋人の営みの中でつくられ、やがて諸外国に広まり洗練されていった。

☑先進国の主要法（＝憲法、刑法、民法など）には、自由、平等、個人主義、世俗性などの共通した特徴がある。

☑それらの特徴は封建期の法や慣習と対照的であり、主権国家の性質にも反映されている。

☑憲法は国家の最高法規であり、とくに近代憲法は公権力を制限する性質がある。

☑刑罰、道徳、教育、暴力の独占などは人々に法を守らせるための仕組みであり重要だ。

1 近代法とは何か

近代法とはどこの法か

近代法という言葉には隠れた意味があります。それは近代における欧米列強の躍進とともに、イスラム圏を除く各国の主要法が、欧米列強から影響を受けたということです。国際法でさえ西洋の影響が強いといえます。つまり、近代法は「近代の法」というより「**近代で力を伸ばした西洋文明から生まれた法**」という意味合いが強いのです。

一方、古代法という言葉は、これだけでは古代に発達していた中国法なのかローマ法なのか、それとも他地域の法なのかわかりません。つまり、近代法には人々に西洋の法を思い浮かべさせるだけの力があるということです。

法の発達や導入を促す要素

このように近代西洋の法が各地に取り入れられた背景には、かつて欧米列強は世界中で暴れ回っており、植民地に彼らの法を適用したり、途上地域にその導入を迫ったりしたことがあります。もちろん、その導入は強制や半強制だったこともあれば、任意だったこともあったでしょう。

また、近代に文明が大きく発展したことも各国で法の整備を促しました。具体的には商業における営業や担保、生活における婚姻や相続を、それぞれ法として規定する必要が出てくるということです。この点、時代の先端を行っている国は、そうした法秩序を他国に先駆けて整えているので他国の法整備においてたびたび模倣されます。

以上のように法は**社会の動き**や**人々の価値観**と関わりがあります。このことは法の基本であり、これを基礎として近代法は整備されていくのです。

2 法の性質

法と社会の安定

法とは「ほどよい正義の実現と社会の安定のための強制的な規範」です。世界に人間が一人しかいなければ法など必要ありませんが、多くの人間から成り立っている社会では利害や価値観をめぐって対立が生じます。よって、公権力は行為の基準を設定し、人々を社会の意図に従わせる**統一的なルール**（＝法）をつくる必要があります。

要するに、法は強制力のある「規範」ということです。規範とは行動や判断の基準であり「こうあるべき」「こうすべき」という価値観を反映したものです。これを専門用語で**当為**といいます。

その一例として「未成年者の飲酒を禁じるべき」という規範が挙げられます。これを法に仕立てると（＝公職者が規範に強制力を持たせると）、「未成年者飲酒禁止法」という法律が出来上がります。この場合の強制力とは、未成年者の飲酒禁止、親や事業者が未成年者へ酒を与えることの禁止、それに違反したときの罰則などをいいます。

法は時代や地域の価値観に基づいて定められますから、時代や地域によっては麻薬の使用や安楽死を認める法が定められることもあります。実際、酒類の規制度合いは時代や地域によって様々です。

とくに一九二〇年代のアメリカでは禁酒法が施行されており、そこでは酒類の醸造と販売と運搬がすべて禁じられていました。しかし、というか当然、というべきか、そんな法律ができたところで酒類の需要はほとんど減らず、むしろ禁酒法はギャングによる密造や密売を促してしまいました。

なぜなら、立法においては価値観だけでなく**社会の安定**も考慮する必要があるにもかかわらず、禁酒法はそれを無視した法だったからです。確かに、その頃のアメリカでは禁酒運動が盛り上がっていましたが、政府が禁酒法という単に潔癖なだけの法を施行すると、かえって社会は乱れてしまうのです。

法の必要性と法則

また、法には**法則**という意味もあります。「純水は約一〇〇℃で沸騰する」「太陽は東から昇り西に沈む」といった不変的真理は法則の典型です。自然法則は人間の価値観や善悪とは無関係な事象であり、人間が死に絶えても地球は回り続けるように、半永久的に変わりません。

しかし、規範の内容は時代や地域によって変わりますし、人間は強制力のない規範（＝道徳やマナーなど）を破ることがあります。皆に共通して適用される強制力のある規範（＝法）がなくても、問題なく社会がまわるなら政府は法を定める必要はありませんが、それが難しいからこそ法が必要とされるのです。また、法さえも破られることがあるからこそ、威嚇や応報として犯罪者には刑罰が科され、債務不履行者には強制執行（＝私法上の約束を守らない者には公権力が発動される）[※1]が適用されます。つまり、公的機関は「こうあるべき」という価値観に照らして法を定め、秩序を保とうとしているわけです。

なお厳密にいうと、法学において「法律」は「立法機関によって定められた法」という限定的な意味で使われています。

事実判断と価値判断

話は少しそれますが、「法則」と「当為」の関係によく似ているものとして「事実判断」と「価値判断」があります。

事実判断とは、「そのカラスは黒い」とか「A県の労働者の平均年収はB県のそれよりも高い」というように、ありのままの観察結果や客観的な結果比較のことです。こちらは人間の価値観や好みに左右されないという点で、法則に近い概念といえます。

それに対して価値判断とは、「そのカラスは不気味だ」とか「B県の労働者の平均年収は低すぎる」というように、何らかの主観や解釈が加わった判断をいいます。こちらは当為や規範に近い概念です。

科学ならびに学問は事実判断が基本（第一）です。価値判断ばかりが先んじてしまうと、人は事実を見誤ってしまうからです。読者も本書を読み進めていく際には、事実判断と価値

※1　私法とは、私人（＝公的な立場にない者）同士を律する法を意味します。それに対して公法とは、公的機関と私人の関係、あるいは公的機関同士を律する法を意味します。ちなみに私法の一般法（＝広く適用される法）である民法は、物権、債権、親族、相続などを定めます。

判断を意識するとよいでしょう。

3 法と道徳の関係

道徳と最低限の義務

道徳は法を補っているといわれます。たとえば、日本の河川で子どもが溺れている光景を思い浮かべてください。ここで、その子の保護者が溺れている子を故意に見過ごすと、保護者は不作為（＝法制上なすべき行為をしないこと）に問われる可能性があります。しかし、その子とは無関係の者が事故を故意に見過ごしても法制上の罪には問われません。

罪に問われないのは、日本の法体系で無関係の者による救護は法的義務として定められていないからです。なぜ定められていないかというと、政府が無関係の他者に救護を強制することは技術的にも道義的にも無理があるからです。また通報にしても、日本社会の価値観は無関係の他者にその義務を強制するまでには至らないからだと考えられます。つまり、状況にもよりますが、保護者や加害者など事故の直接の関係者が子どもを助けることは法的義務になるとしても、事故と関係がない者を強制的に巻き込むべきではないとされているのです。

道徳には正解がない

しかし、事故に居合わせた状況で赤の他人には救護義務がないとはいっても、人が溺れているのを横目に素通りすることは、「人として何となく望ましくない」「通報くらいすべき」「自分なら助けてもらいたいはず」と多くの人が思うでしょう。だからこそ、道徳教育が強調されるわけです。つまり、道徳教育は人として妥当とされる善悪や、その社会で望ましいとされる行動規範を身につけてもらうためのものだといえます。その背景には、人間は法だけを守ればよいというものではなく、本能のままに動く動物とは異なり「理性的な存在としてふるまうことができる」という考え方があります。これは、いわゆるマナー（＝法として規定されていないものの、行うのが望ましい礼儀作法）に近い概念です。

道徳にはその社会で妥当とされる行動規範が込められていますが、正解はありません。それは救護や通報の評価が状況によって異なることを意味します。数式の解や社会科の固有名詞を問う試験問題には定まった答えがありますが、道徳には定まった答えがありません。そのため道徳教育における数値評価は難しいのです。

トリアージの考え方

道徳的に見えないかもしれませんが、世の中には困っている人を見捨てた方が道徳的な場合もあります。有名な例はトリアージでしょう。トリアージとは、大事故や大災害が起きたときなど医療資源が足りなくなった状況において、より多くの人命を救うために、医療従事者が患者を症状に応じて四段階により分けたうえで治療していくことです。

具体的には最も症状が軽い部類にある人には緑のタグをつけ、以下、症状の軽い順に黄のタグ、赤のタグをつけます。死亡、あるいは救命不可能と判断された人には黒のタグがつけられ、処置・搬送が後回しになります。つまり、赤、黄、緑の順に治療が施されるということです。緑や黄のタグをつけられた人は、赤のタグをつけられた人と比べると軽症のため、少しの猶予がありますし、さらに医療従事者に治療の必要性を訴える余力があります。しかし、赤のタグをつけられた人は重症のため訴える力に欠け、一刻を争います。そこで赤のタグをつけられた人に対する治療が優先されるのです。

医療資源が足りていれば、黒のタグをつけられるような人も治療されるかもしれませんが、差し迫った状況においては、医療従事者がより多くの人を合理的に助けるために後回しにする場合もあるということです。黒のタグをつけられた人と親しい人にとっては「合理的」という冷ややかな言葉だけでは割り切れない悔しさが残るでしょうが、あまりにも差し迫った状況ではどうにもならないこともあります。

法と道徳の境界

話を元に戻しましょう。道徳は法が及ばないようなところでも、なるべく善い行いをすべきだという**内面的な規範**に止まりますが、法は外部から最低限の規律を共通の基準で強いる規範です。したがって、人が法を犯すと、それに対する制裁が強制的に科されますが、道徳に反しても法に触れない限り、それがどんなに悪いことであっても刑罰に問われません。道徳は強制しにくい規範だといえます。

もっとも、法を守ることも道徳の範疇だとすれば、両者の境界はあいまいになります。究極的にいえば法を犯すことも、ある意味では自由な行為だからです。人間が強盗や傷害といった違法行為に及ぶことは、罰を受けることを覚悟すれば、さほど難しくありません。つまり、自暴自棄になっている者には、法的制裁や社会的制裁（＝メディアや市民など公権力以外の立場からの制裁）による犯罪抑止効果は望めません。そこで一部の人間が法を積極的に犯すことを前もって防ぐために道徳が強調されます。

ただし、西洋において法は人間の外形的行為（＝外に表れた行為）を規定する規範ととらえられ、さらに道徳は内面的で強制されない規範と見なされるので、道徳の強調がかならず犯罪の抑制につながるとはいえません。これは東洋において法と道徳は一体と見なされがちなこととは対照的です。この点については、おそらく宗教の違いによるところが大きいのでしょう。

4 自然法と実定法

自然法（＝実定法以前の法）

人間に強制力を加える法には、人間によって意識的につくられる法と、そうではない理念としての法があります。前者は実定法と呼ばれ、後者は自然法と呼ばれます。まずは自然法についてです。

自然法とは、人間の共通した本性や理性に基づき、時代や場所を問わず成立する法です。つまり、人間には様々な個性が見られながらも、その根底には時代や場所に関わりなく各人に共通した性質があり、それに基づく法があるのではないかということです。

古代で自然法思想は哲学とともに発展し、ローマ法に影響を与えました。中世において自然法はキリスト教神学と結びついて、神の摂理を見出す「神の法」として発展しました。近代で自然法は、特定の神々や自然界から切り離された人間の理性や本性に基づいて成り立つとされています。

しかし、自然法の具体例は挙げられません。議会や裁判所が生み出す法は、すべて実定法だからです。自然法とは一種の理念であり、哲学的な性質を帯びた規範です。それゆえ「国際法の理念は自然法に則ったものだ」というように、自然法は法の中でも抽象的な上位概念を形成しています。

なお、自然法と似た言葉に**自然権**がありますが、こちらは実定法上の権利に先行し、人間に生まれながらに備わり、たとえば個人は国家によって不当に拘束されないとする権利です。

実定法

一方、普遍の理念である自然法と対照的な法に**実定法**があります。実定法とは、人間によってつくり出される法全般を意味します。このうち立法機関が定める法を**制定法**（＝**成文法**）といいます。実定法は可変の法であり、場所や時代を限定して発効します。判例法や慣習法など、その社会で経

図4　自然法と実定法の構造

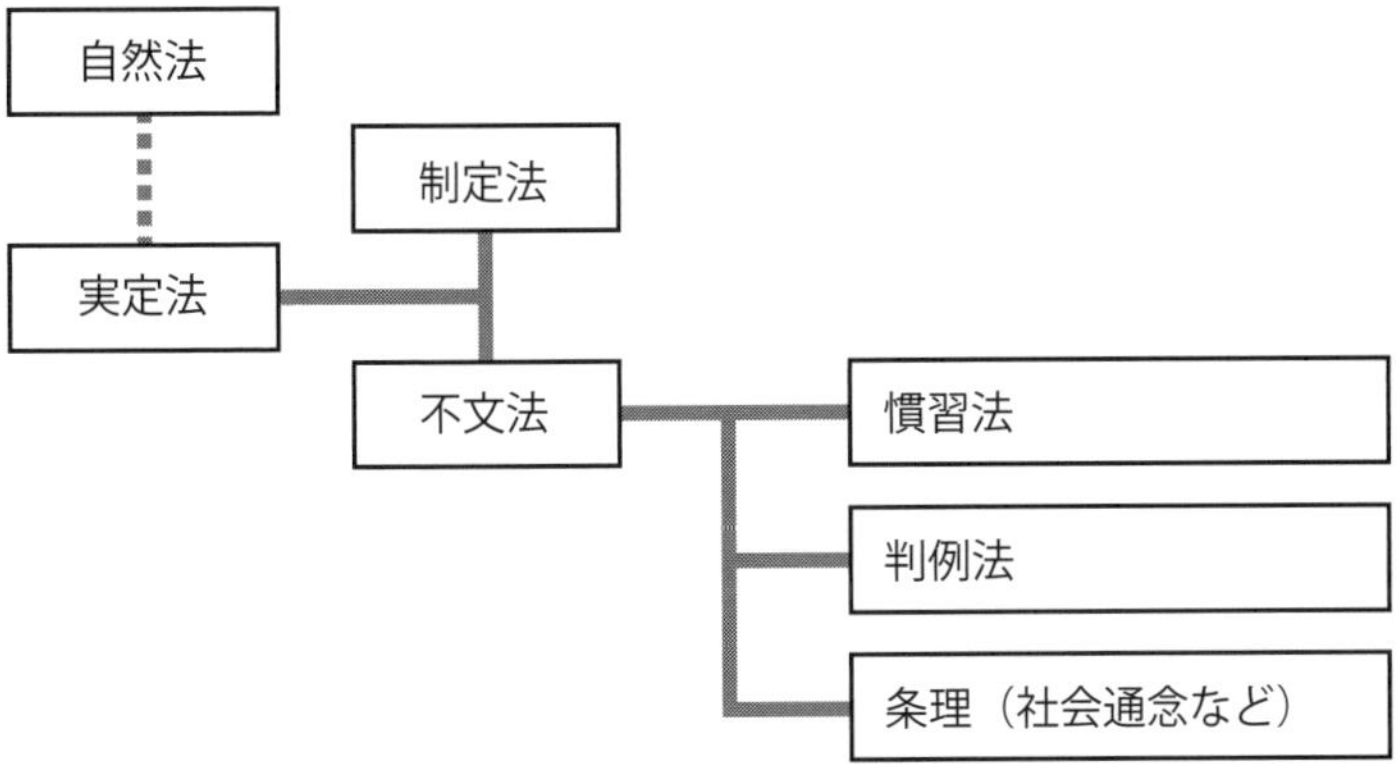

験的に成立している法も実定法の範疇です。

自然法は特定の人間によってつくり出されるわけではありませんが、実定法は特定の社会を治めるために必要なものです。つまり、自然法はどんな時代や地域でも成立しうる理念の法ですが、実定法は特定の時代と地域でのみ効力を発するということです。実定法はきわめて人為的な法なのです。

不文法の分類

制定法と並ぶ実定法の括りに不文法があります。この不文法は**判例法**と**慣習法**と**条理**に分けられます。このうち判例法の判例とは、裁判所が訴訟について示した法的判断のことをいいます。通説では、裁判所が示した法的判断の中でも、のちの事件にも適用される一般性を持った裁判例を指します。

ここで重要なのは、判例がのちの類似の事件に適用できるほど重要だと見なされれば、判例は法になるということです。これが集まった体系を判例法といいます。なぜ判例に法的拘束力があるのかといえば、同じような訴えについて裁判官によって判決内容が大きく異なることは不公平だからです。

なお日本では、判例には事実上の拘束力があるだけで、法的拘束力と呼べるほどの効力はありません。日本の最高裁の判例は実質的にはかなり強いのですが、判例にどの程度の拘束力を持たせるかは国によって異なるのです。

5 制定法

制定法の意義

ここまでの話を整理すると、まず法には普遍の理念である自然法と、人間によってつくり出される実定法という大まかな括りがあり、このうち実定法には制定法と不文法（判例法と慣習法と条理）があります。

なかでも制定法の意義を理解することは重要です。文書で表される制定法は安定した性質があるため、合理的な秩序維持にとって有効だからです。その典型として道路交通法をはじめとした交通法規が挙げられます。

交通法規の特徴は、その大半が通行方法や罰則などについて合理的に規定されていることです。つまり、政府が「譲り合いの精神を大事に！」という標語を広めるだけで、自動車や鉄道といった交通機関がスムーズに動くわけではありませんので、慣習法や判例法よりも事前に細かく規定できる制定法が必要とされるのです。

なお、慣習法とは、慣習のうち法的効力があると認められたものです。慣習法は自然発生的であるため確立するまでに時間がかかります。また判例法は訴えを整理する事後的な法ですが、制定法は訴えが生じていないところから生み出せます。公職者が時代の流れに沿って国民の意見を素早く汲むには、慣習法や判例法よりも制定法の方が適しているのです。判例法を主体としてきた国家でも、文明が大きく発展した近代になってから、制定法が盛んに用いられるようになったことも当然の成り行きといえるでしょう。

制定法の運用

また統治者がその制定法を慣習や訴訟に先んじて成文化すれば危難を前もって防げます。たとえば江戸時代の「諸国鉄砲改め」のように、武器（とくに銃）が市民に広がる前に為政者が規制法を定めるのと、オバマ政権期のアメリカのように、銃とその利権が広がった後に強い規制法を定めようとするのとでは成果が異なります。武器（実質的には銃）の使用は合衆国憲法でも認められている権利なので規制しにくいということもありますが、これだけ銃を所持・使用する慣習が根づいてしまうと、今さら強く規制することは難しいからです。仮に議会が銃規制法を可決したとしても、行政が市民から銃を徹底的に取り上げることは難しいでしょう。

ギャンブルも、国中に浸透する前に規制するのと、国中に浸透してしまった後に規制するのとでは、規制のしやすさや効果が明らかに異なります。制定法は、それをつくる公職者の見通し次第では、人々の慣習に先駆けた秩序をつくり出せるのです。

ただし、前もって実施した規制が強すぎたり、先走ってしまうと、自由な発想やイノベーションを早い段階でつぶしてしまうこともあります。

委任立法

制定法の内容は基本的には議会の審議によって決められますが、細部については委任立法という形で議会以外の機関によって決められることもあります。委任立法とは、法律の委任に基づき、議会以外の機関（おもに行政）が法規を定めることです。

各種の交通法規や業法（＝放送法や薬事法など事業者向けの法律）など、日本の六法以外の法律を見渡してみてください。かなり細かく規定されているうえに「政令で定める」とか「省令で定める」という文言が目につくかと思います。これは、法律の大枠は議会が定めますが、専門的・技術的事項に関する細かい部分は、実際に法律を運用する官僚が定めているということです。

委任立法は、近現代での社会の複雑化に伴って、各省庁が議会制定法をもっと細かく規定する必要が出てきたところから発展しました。文明の発達とともに複雑化した交通法規はその典型です。とくに日本では内閣提出法案（＝実質的には官僚がつくる法案）が多く、その成立率も高いことから、官僚の各方面での強い影響力が窺えます。

法律の抽象性

制定法に関して他に注目すべき点は、少し抽象的な表現を用いて条文がつくられている場合もあるということです。

たとえば「この道路は車馬の通行を禁じる」という条文があるとします。このとき、三輪車やスケートボードなど、車馬に類する交通手段の通行が許されるかが問題になります。立法時点で予測される交通手段を具体的に一つ一つすべて条文に並べるという形も考えられますが、それでは条文の量が膨れ上がってしまいます。また、車馬に類する交通手段のすべてを予測できないがゆえに法律の抜け穴ができてしまいます。車馬といっても様々ですが、公職者は**不特定多数の事例に対応する**ために抽象的な表現を用いて法律の抜け穴をつぶすというわけです。その抽象性ゆえに、専門家による解釈と審査が欠かせないのです。

罪刑法定主義

逆に条文が抽象的すぎると、別の問題が生じることもあります。条文があまりにも抽象的だと条文の意味が失われ、裁判所や行政の裁量が大きくなりすぎてしまうからです。

たとえば「反抗的な者は三年以下の懲役に処する」という条文があるとします。しかし、これでは具体的にどのような行為が刑罰に値するかよくわかりません。そのため、ある日突然、身に覚えのないことで逮捕されてしまう危うさがあります。とくに刑法は犯罪と刑罰を定めた重要な法律なので、いかなる行為が犯罪となり、どの程度罰せられるかが明確に規定されています。これを**罪刑法定主義**といいます。国家が罪刑法定主義を掲げることで、国民は刑罰の内容や要件を前もって知ることができ、それによって刑罰を避けながら自由に生きられるというわけです。

ただし、たとえば日本の殺人罪は「人を殺した者は、死刑又は無期若しくは五年以上の懲役に処する（日本刑法第一九九条）」と刑法で規定されています。ここからもわかるように刑法第一九九条は特定の人間だけを罰したり、特定の事例に限定したりするのではなく、殺人を一般的・抽象的な形で規定しているにすぎません。法律は、その種類によって抽象度が使い分けられているのです。

なお、罪刑法定主義から導かれる近代刑法の原則に**事後法の禁止**（＝遡及処罰の禁止）があります。これは、実行時では適法だった行為を、公職者が後から定めた法律によって罰することを禁じるという原則です。この原則がないと、公職者は事後に定めた法によって国民を好き勝手に逮捕できますし、争いに区切りがつけられなくなります。

法の現実性

制定法は刑法の原則を見渡しても明らかなように基本的には理論的な規範です。しかし、法はどこまでも理論的なのではなく現実的な面も見られます。

その典型は現代の各国の法が親子間（実質的には父子間）のＤＮＡ鑑定を義務づけていないことです。一部には出生児との血縁や母親である女性の素行を明らかにすべく、それを義務づけたい男性がいるかもしれませんが、もし父親にとって望ましくない真の血縁関係が強制的に明らかにされたら、社会の秩序は回復不能なまでに乱れるでしょう。

そこで公職者は、場合にもよりますが、法を争いの発生装置や真実の解明手段として位置づけるのではなく、社会を調整するのに妥当な役割をこれに与えるのです。その一つの方向性が親子間のＤＮＡ鑑定を義務づけないことだといえます。この種の考え方においては、親が自分の子どもではないと否認しなければ、たとえその親子関係に生物学的なつながりがなくても法的には親子なのです。このように公職者は真理や普遍の法を求

図5　刑事裁判と民事裁判の違い

	目的	訴えを起こす主体	当事者の意識
刑事裁判	公権力が被告人の有罪・無罪と刑罰を判断する	検察官	真相や有力な証拠を求める
民事裁判	私人間でのトラブルを公権力を利用して解決する	私人	納得感を求める

めるというよりは、社会を安定させることを優先して、その時代と地域に合った法を探ります。

真実や科学の可能性を突き詰めることは、自然科学や社会科学を問わず学者にとってきわめて重要な姿勢であり、ＤＮＡ鑑定も解明方法の一つです。しかし、公職者がそれを突き詰めることは社会にとってマイナスの方が大きいと考えられるため、それを法制化しないわけです。これは自然科学の研究者が真理の解明を目指すのとは対照的です。

また**時効**についても、法的関係（契約関係や権限の行使が放棄されている状態など）を確定させ、事案の風化に伴う誤判を避けるために各国で定められています。なぜなら、限られた能力と証拠・証言しか持ち合わせていない状況で、むやみに真実を解明しようとすると、かえって秩序を乱す可能性があるからです。現代の実定法には現実性と、争いを無駄に起こさせない理念が込められているといえます。

ちなみに、現代の多くの先進国で不貞は刑事にあたる問題ではなく、民事の問題と見なされているので、公権力は強制力を積極的に発しません。[※2] つまり、現代の先進国では不貞行為は私人間で自主的に解決すべきであって、公権力は積極的に介入しないという状態にあります。これは政教一致の現代のイスラム法国家とは対照的です。

※2　刑事とは、刑罰法規の適用を受ける事案のことです。民事とは、私人間の法律関係のことです。日本における刑罰規定は、刑法の他にも道路交通法や銃刀法、覚せい剤取締法などでも定められています。

6 英米法

コモンロー

さて、ここで実定法に関して注目すべき点は、二つの大きな潮流として英米が発展させてきた法体系と、西欧の大陸側が発展させてきた法体系があるということです。前者は英米法と呼ばれ、後者は大陸法と呼ばれます。ともに欧米人の法意識の強さが表れている法体系です。まずは英米法です。

英米法とは、**コモンロー**（common law）の伝統に沿ってイングランドで発達し、イギリスの植民地だったアメリカやオーストラリアでも受け継がれた法体系です。コモンロー発展の起源は中世のイングランドに見出せます。

中世のイングランドにおいて、法は国民の間で自然と育まれていた慣習や常識に含まれていると考えられていました。そこで裁判にあたって裁判所は地域の慣習や常識を参考に調停しました。そうして判例が積み重なり、それが広く共有され、後世に受け継がれていった法がコモンローです。※3

判例法を積み重ねる法体系

このように英米の第一法源（＝裁判の際にまず参考にする法）である判例法は、裁判官が人々の行為・慣習に法的効果を付与する規範としてとらえられます。つまり、制定法は議会がつくり出す（＝法案を可決する）のに対して、判例法は裁判官が法廷に持ち込まれた訴えに判決という形で法的効果を持たせるということです。

英米法の体系では法典（＝成文法の集まり）があらかじめ厳密に設計されているのではなく、判例を積み重ね、法に欠陥や反対意見があったら裁判所や議会が正していきます。彼らにとっての司法や正義とは、裁判所が行為と条文を機械的に照らし合わせた結果ではなく、慣習や過去の経験をも包み込んだ積み重ねだといえます。

かつて、イギリスの司法権は貴族院（議会上院）に属しており、貴族院は政府や庶民院（議会下院）の行為に意見を示したり、それを正したりしてきました。国家が議会を二院制にすることで一院の専制を防止し、討議の場を広げられるのです。

「法の支配」—人ではなく法が国家を治める

また、英米法の特性はコモンローだけでなく「**法の支配**」にも見出せます。「法の支配」

※3　英米法の体系にはコモンローと並んで衡平法（＝エクイティ）もあります。これは大法官がコモンローだけでは対応しきれない事案を補うべく、コモンローとは別の系統でつくった法原則です。

とは、統治者も被治者も統一的で公正な法に拘束されることで、国家が秩序を保つという原理です。この原理においては統治者といえども行為がいくらか制限されます。つまり、法という人間ではないものが国家を治めるので「法の支配」と呼ばれるのです。この場合の法とは、特定の人間が恣意的に生み出した法でなく、長い年月を経て地域の慣習や正義に基づいて出来上がった法です。英米の憲法に示されているわけではありませんが、「法の支配」においては法が国家を治めるという点から、英米では法が主権として働いているともいえます。

たとえば、中世のイングランドでは国王でさえも拘束されなければならない高次の法があると考えられていました。それは**マグナカルタ**という憲章として具体化され、そこではおもに貴族層の慣習や権利が国王から認められました。

その後、封建勢力が衰えると、今度は国王を中心とした勢力が大きくなります。とくに一七世紀前半の国王は、裕福になりつつあった一部の国民が権利を求めて議会に結集したことに対して、議会の同意を得ない課税や無法な逮捕を行いました。彼らはこの不公正な行為に反発し、専制権力に自由を求め続けた結果、国王の権力は抑えられ、国民と議会の権利が**権利章典**として定められたのです。

だからこそ「法の支配」の下では法の内容に公正さが求められます。そして、英米法の体系では、法や紛争について審査し、その効力を権威づける司法権の役割が重んじられます。法に誤りがあれば、そのたびに正し、皆で公正な法を共有し、その法が国家を治めれば、まともな秩序が実現するというわけです。

イギリス法とアメリカ法

イギリス法の中核を成す判例法と「法の支配」は、イギリスの植民地だったアメリカでも受け継がれました。アメリカ法はイギリス法から発展してきた歴史があり、とくに一九世紀初頭のアメリカでは司法権の意義が大きく認められましたから、アメリカでも判例法が重んじられるのです。また、政府が地方に権限を大きく認めることについても現代の連合王国イギリスと連邦制国家アメリカは共通しています。

しかし、英米は政治制度については明らかに異なります。アメリカ合衆国憲法では共和政体と厳しい三権分立が定められており、大統領は議会の法案に対する拒否権を持っています。またアメリカの裁判所（州裁と連邦裁）は、州法と連邦法に基づいて積極的に違憲判決を下し、政策決定にも立ち入ってきます。民間人も日ごろのトラブルを積極的に訴訟に持ち込むなど、アメリカでの司法権の存在感はとても大きいといえます。

一方、イギリスは一七世紀の権利請願と権利章典で議会の権限を明らかにし、一八世紀には内閣を形成し、さらに二〇世紀初頭には貴族院に対する庶民院（下院）の優越を明らかにしました。イギリスは判例法だけでなく制定法の価値も認めるなど、庶民院中心の体系へと移っていきました。

イギリスは現代でも貴族院の権限を縮小したり、司法権の構造を改めたりするなど地道な改革を続けています。全体として非権力的な君主を置きながら議院内閣制をとるイギリスでは、三権分立がアメリカよりも緩やかだといえます。

7 大陸法

ローマ法からの発展

古代ローマでは法律に関する知識は貴族に独占されていました。そこでつくられた法律は融通が利かず、市民法としてローマ市民にのみ適用されるに止まっていました。やがて古代ローマでは外国と関わっていく必要性から、非ローマ市民にも適用できる法が必要とされ、それは万民法として発展しました。

中世でローマ法は途絶えかけたものの、**教会法**（＝カトリック教会とその信徒を律するために定められた法体系）に影響を与え、一部の学者によって研究が進められていました。近世になるとローマ法はイギリス法にわずかに影響を与え、ドイツやフランスなど西欧の大陸側では大きく復権しました。復権の背景にはローマ法が優れて普遍的な性質を持っていたことが挙げられます。西欧の大陸側の国家はローマ法の法典を参考に法を整えていったのです。そして一九世紀には、それに基づく法治主義が明確になります。

大陸法の設計

法治主義とは、公権力（とくに行政権）は公的機関が定めた法に基づいて行使されるべきだという原理です。大陸法とそれに基づく法治主義の歴史では、「ローマ法大全」「ナポレオン法典」「六法（＝日本における六つの重要な法の俗称・総称）」などのように重厚で包括的な法典が重んじられてきました。

簡単にいうと、大陸法は、君主の権威の下、公職者と学者が理論的につくり出す規範です。つまり、法治主義では公職者と学者という最初に法をつくり出す人の能力が重んじられ、つくり出す時点での正しさが重んじられます。そのため、裁判所は条文に沿って司法判断するだけで、法自体が問題とされることはあまりありません。裁判官も議会（制定法）に追従する役人としての意識が強いといわれています。

また、制定法は事前に国民や権力を細かく律することに向いています。制定法は立法機関が事前に細かく設計しておくことができ、紛争を抑えられるからです。大量の細かい制定法は立法機関の裁量と規模を大きくし、社会の自由を少なくするものの、裁判所の裁量を抑えられるのです。

ただし、裁判所の裁量の狭さに加えて、公職者が大量の細かい条文からできている制定法をつくり直すのは困難なため、大陸法は時代の変化に対応しづらい硬直的な法体系といえます。

形式的法治主義

このように大陸法の体系では制定法が重視されるので、それを最初につくり出す議会と官僚が強くなります。とくに議会主体の法治主義が徹底されること、すなわち議会が行政と裁判所を形式的な法律で規制することを**形式的法治主義**といいます。これは簡単にいうと、「制定法は国民の代表によってつくられる最も優位な法なので、他の国家機関や国民はこれに従う必要がある」という発想に基づいています。

形式的法治主義にいう法は、議会で成立したという形式的要件さえ満たせば、その内容が公正であるかどうかを問われません。したがって、それが悪法であった場合、行政と裁判所はその悪法に沿った行動を強いられ、その結果は、国民にとって不利益なものとなってしまうのです。

また、形式的法治主義を運用する主体としては、ヒトラーのような独裁者も考えられます。独裁者が形式的法治主義に則って独裁政権に権力を集めると、独裁者は他機関からの承認なしに立法権を行使できるようになってしまいます。形式的法治主義は法の制定者に対する「法の支配」に欠けるため、合法的独裁を可能としてしまうのです。これらの点から形式的法治主義は中央集権体制に適しており、多様性を認める地方分権体制では成り立ちにくいといえます。

実際、近代のフランスでも地方では封建領主の力が強かったため、政府は彼らの力を抑えて集権的な体制を確立するために中央の役人を地方に派遣していました。一説にはイギリスよりも戦争が激しかった西欧の大陸側では、法律の条文が細かく集権的でないと国家として秩序を保てなかったため、大陸法はそのようになったといわれます。これは地方分権的な体制が成立し、法も大陸法ほど細かくないイギリスとは対照的です。

ちなみに、大陸法を積極的に受け入れた戦前の日本でも、知事は選挙で選ばれる者ではなく内務省から派遣される官選の者でした。その頃の地方行政には内務省という中央省庁の力が強く及んでいたのです。

法の運用と定着

議会主体の形式的法治主義は、議会が制定法によって公権力を効率的に運用できるという点では有用です。しかしながら、公職者が法を公正に審査させなかったり、行政に悪法を守らせたりすると悪政につながってしまいます。

法律は議員の間で正当な手続きを経て定められたとしても、その時点で内容が公正とは限らず、場合によっては司法審査を経る必要があります。あるいは定められた時点では内容が妥当だったとしても、のちに修正を迫られる法もあるでしょう。一部の公職者が定期的に入れ替わるように、法も定期的に審査・改正されるのが普通です。

これは、他国の法典を導入したときも同じで、国家はそれを自国の社会・文化になじませる必要があります。国家が他国から普遍的に通用する法体系を取り入れたところで、そのすべてが受け入れ国でうまく運用できるとは限らないからです。

とくに大陸法は普遍的な性質を帯びているため、途上国でもドイツやフランスの法典を素早く取り入れられます。つまり、公職者が法典に権利と義務を記せば、その国で市民革命を経なくても、すぐに取り入れられるのです。この点において大陸法は優れているのですが、それでもドイツやフランス以外の地域の実情に合わない部分もあるでしょう。したがって、公職者と有権者が法を見直して、それを時代や地域の実情に合わせることはいつの世も必要だといえます。

大陸合理論とイギリス経験論—法や権利は一気につくられるべきか

また大陸法は、よくも悪くも急進的です。とくにフランスでは長く続いた絶対王政が革命によって根底から覆され、ナポレオン法典（＝民法、商法、刑法などの五法典）が一気に整えられたからです。その背景にはローマ法の伝統と合理主義哲学（＝大陸合理論や啓蒙思想など）があったことも見逃せません。

大陸合理論とは、理性を重んじるとともに生得観念と普遍的原理を想定し、それに沿って知識を得ていく哲学です。さらに**啓蒙思想**とは、人間は伝統的な権威や制度よりも理性に基づいて社会を進歩させるべきだとする思想です。これらをフランス革命期とのつながりで簡単にいうと、理性を重んじる人たちは、人権（とくに自由と平等）という観念を生来の産物（＝自然権）として尊び、それに沿って革命を起こしたり、人権が盛り込まれた法典を一気につくり上げるということです。

ちなみに大陸合理論に相対する哲学として**イギリス経験論**がありますが、こちらは大陸合理論とは逆に、人間は白紙の状態から実験や観察など経験の積み重ねによって一般的な法則に近づくとされます。それゆえ、この哲学と大きく重なる英米系国家の法は、抽象的な生得観念と普遍的原理に沿って一気につくり上げられることはありません。実際、イギリスの王権は一三世紀のマグナカルタや一七世紀の権利章典などを通じて少しずつ制限され、各種の権利も徐々に定められていきました。

現代では英米法の体系にも制定法・法典はたくさんありますが、それは大陸法ほど重厚ではありません。とくにイギリスには一つにまとめられた憲法典がなく、そこではマグナカルタ、権利章典、王位継承法など歴代の重要な法や判例が憲法の役目を果たしています。これを**不成典憲法**といいます。英米は憲法や各種の権利についても急進的につくり上げようとせず、ときには法を修正するなど、慣習や歴史とともに一つずつ積み重ねているのです。

また英米法の体系は、彼らの慣習と歴史の上につくられた判例法を中心としているだけあって、英米系以外の国家で直接取り入れることは難しいといえます。英米系の国家以外で積み重ね型の法や権利を築くには、その地域の議会や裁判所で地域の歴史や慣習を考慮しながら、ときには法の修正に及ぶなど長い試行錯誤が必要です。

日本の法体系

なお、日本は古代の時点で中国法をもとに「律令」を、さらに中世の時点で「御成敗式目」という武家社会の慣習を成文化した法典を編纂していました。

日本が西洋の法を積極的に取り入れる必要が生じた明治時代、大日本帝国憲法をはじめとした近代法の整備は大陸法を参考にしました。明治政府が大陸法の体系を採用した理由としては、まず当時、ドイツ（プロイセン）の法学者から強い影響を受け、ドイツ流の官僚統治を目指していたことが挙げられます。さらにイギリスの法体系は形式的には君主を頂点としつつも君主の実質的な権限は弱く、日本がそれに倣うことは天皇の権限を弱めると見なされたことも大陸法の導入を促した理由でした。

第二次世界大戦後、敗戦国である日本とドイツの法は、連合国によってそれまでの統制的な内容から民主主義的な内容へと導かれました。戦後の日本法は「法の支配」をいっそう多く取り入れ、独占禁止法や地方自治についてはアメリカ法の影響を受けました。また日本は、議院内閣制や党首討論についてはイギリスに倣ってきました。現在、日本法は大陸法を基本としつつ英米法の要素も取り入れています。

戦後の日本の法体系には次のような「法の支配」が確認できます。政府は憲法を最高法規として位置づけていること、裁判所の独立的役割を認めていること、法の手続きだけでなく法の内容までも公正さを保つ必要が求められていることなどです。

実質的法治主義

そして第二次世界大戦後の法治国家は、法の成立に関する形式的要件と、法の内容そのものも公正でなくてはならないとする実質的要件を兼ね備えています。これを**実質的法治主義**といいます。現代では大陸法系国家でも司法権と判例が重んじられているように、法治主義には「法の支配」が取り入れられているのです。

8 西欧政治の流れ――近代憲法の確立過程

中世・封建社会―複数の権力が入り乱れた時代

さて、これまで見てきたように法は近代以降、格段に発達しました。西欧社会で法が発達した理由として、中世の封建社会と宗教的秩序に変化が求められ、その結果、憲法が定められたという歴史が重要です。

九世紀の西欧では、王政と並んで古代の土地制度と主従制度を受け継いだ**封建制**が確立していました。封建制とは、主君が家臣に土地を与え、家臣は賦役や貢納などの義務を負う体制です。ただし、西欧の封建制は荘園制（＝領主と農奴の間に成立した隷属関係に基づく体制）とともにありました。封建制では教皇や国王が直接領土を治めるのではなく、実質的には地方の領主層が農奴を治めるなど、この時代は複数の権力が併存していました。

さらに西欧の封建制には双務契約といえる性質があり、家臣が複数の主君に仕えたり、契約不履行や世代交代の際には主従関係が破られたりすることもありました。また被治者である農奴は賦役と貢納の義務が重く、職業選択や移動についても制限されていました。

中世末期―教皇と諸侯の権威が低下しつつあった時代

その頃の西欧ではローマ・カトリック教会と教皇と教会法が強い権威を持っており、不安定な時代に生きる人々は共通の権威を心の支えとしていました。とくに教会は街の領主として人々の冠婚葬祭を管理しており、街と生活の中心となっていました。諸国の王はその権威を尊んでいたのですが、中世後期における十字軍の失敗やアヴィニョン捕囚といった出来事を通じて教皇の権威は下がっていきました。

中世末期、国内統一を目指していた諸国の王は、同じように国内市場の統一を望んでいた商人と結びついて、諸侯を締め出そうとしました。これによって諸侯や騎士は廷臣化あるいは没落しました。封建制における中間権力層の勢力が弱まったのです。とくに王位継承に関して内乱が起きたイギリスでは、封建貴族の疲弊とともに王権が大きくなり、一部の農民や騎士がジェントリ（地主階級）として台頭しました。

宗教改革期―西欧社会の原点に価値を見出しつつあった時代

このような中世後期の西欧では、カトリックの権威が疑われたり、戦争や疫病、飢饉がたびたび起きたりするなど不安定な面もありました。イタリアの都市部ではルネサンスと商業が開花しつつあるなど華やかな面もあったのですが、まだまだ荒れていた時代だったのです。そうなると、中世後期は科学も発達していなかったので人々は信心深くなるものの、一方でカトリックに不信感を抱いていた人々は別の宗派を生み出そうとします。それが決定的になったのが一六世紀前半の**宗教改革**です。

宗教改革の発端はカトリック教会の矛盾にあります。当時、教会は贖宥状《しょくゆうじょう》という、それを持っていれば罪が許されるという証書を、サン・ピエトロ大聖堂の工事資金を賄うために発行・販売していました。これに反発したのがドイツの神学者ルターです。ルターは贖宥状の購入と魂の救済は無関係だと論じました。人は信仰によって救われるのであって、教会にお金を払えば罪が許されるというのはおかしいというわけです。そこでルターは教会の腐敗や贖宥状の販売に関して批判的な「九十五か条の論題」を各地に広めました。

ルターは信仰の源泉を神の言葉である聖書にのみ置く一方、教皇（＝神の代理）の権威とカトリック教会の諸制度を否定し、プロテスタント（＝カトリックに対する抗議者）の源流を形成しました。つまり、プロテスタントは聖職者を介さず聖書を通して個人単位で神と直接向き合うということです。

厳密にいうと、カトリックに神父がいるようにプロテスタントにも牧師がいますが、牧師は聖職者というより一般信徒と平等な立場に位置づけられる教師のような役職にすぎません。プロテスタントは「神の前では皆が平等」という感覚を持っているのです。一説には、プロテスタントの平等意識が近代法にいう「法の下の平等」に結実したといわれています。

このように宗教改革は**キリスト教の原点**（＝イエス・キリストと聖書）に価値を見出させ、**個人主義**を促したという点では、ほぼ同じ時期の、古代文化と個人に価値を見出したルネサンスと通じるものがあります。

印刷技術の貢献

ルターによる改革運動は、まずドイツで農民の反乱を呼び起こし、やがてプロテスタントは地域ごとに組織化されるなど、キリスト教の変革は西欧各地に広がっていきました。さらにカトリックとプロテスタントは各地の有力者の支持を得つつ激しく対立しました。中世において絶対を誇った権威が乱れ、人々は既得権益や信仰という人間の根本的な部分を争ったため、血みどろの宗教戦争は長引きました。

それまで西欧の民衆はラテン語で書かれた聖書を読めませんでした。しかし、ドイツ語など世俗的な言語によって翻訳されたため、個人が聖書を所有して自ら読めるようになりました。ただし、個人単位で所持したとはいっても、人々は聖書を独自に解釈したのではなく、正しい信仰を導いてくれる特定の指導者・教義をめぐって争っていたのです。

これらの論題や聖書、さらに改革を促す風刺画の生産に使われた技術が**活版印刷**です。活版印刷技術の確立は書物を大衆化させ、それまで小さな規模に止まっていたキリスト教の改革運動を大きく前進させました。

絶対王政

このように、中世後期から宗教改革期にかけて封建勢力と教会の権威が弱まると、その隙に中世では有力な諸侯と同じくらいの権力しかなかった諸国の王は実権を強めました。これは絶対王政と呼ばれる体制に発展していきました。

絶対王政とは、王が自らに権力を集め、**官僚機構**と**常備軍**を用いて治める体制です。それまでの軍隊は平時には解散され、戦時のたびに編制されていたのですが、絶対王政以降の体制では軍が常に設けられるようになったのです。

ただし、絶対王政においては、国王は法や政治機関から強く拘束されていませんでしたが、その頃の国家には古くからの**身分制**と**社団**(=ギルドや教会など)が残っていました。そのため、国王の権力は国家上層部で強かったとしても、国民への直接的支配力は浸透していなかったと見られます。

また、官僚と常備軍はそれまでの封建制の家臣とは異なり、常に雇われる俸給制の専門職と位置づけられていました。官僚と常備軍は俸給制によって営まれているがゆえに、彼らの力量はその俸給を支払いうる、国家の資金量に左右されると考えられました。だからこそ、その資金を稼ぐべく**重商主義政策**がとられたのです。

王は絶対王政下で福祉政策を実施したこともありましたが、人々を恣意的に罰したり（＝罪刑専断主義）、王家の財産と国家財政を区別せずに浪費したり、議会の同意を得ずに課税したりと、気ままに権力をふるっていました。このような法を軽視した専制を俗に人治と呼ぶことがあります。そこで市民は公正な法を国の中心に据え、国王といえどもそれに従うべきだと考えたのです。

フランス革命

一八世紀後半、絶対王政が敷かれていたフランスでは、第三身分（＝平民）には参政権が与えられず、さらに領主や国から重税を課されていたため、彼らは不満を募らせていました。一方、国王ルイ一六世は財政難に喘いでいた状況を慮って、改革派の銀行家に財務総監を任せ、特権階級にも課税しようとしました。特権階級の一部はその改革案に反発し、彼らは王権を制限するために三部会（＝身分制議会）の召集を国王に求めました。また、三部会という特権階級中心の政治に反発的だった第三身分を中心とした勢力は、国民議会と称し憲法の起草にとりかかりました。

ルイ一六世は市民や議会に対して威圧的な姿勢を見せましたが、それは保守派の側近に唆された行動でした。一七八九年、その横暴さや改革派の財務総監が罷免されたことに怒ったパリ市民は、圧政の象徴と見なしていたバスティーユ牢獄を襲いました。その暴動はデマや野盗の恐怖が連鎖したために全国的に広がりました。国民議会は事態収拾のために封建的特権の廃止を決め、さらに自由・平等・抵抗権・国民主権・所有権について規定した**人権宣言**を発しました。しかし、革命の動きは食料事情が悪化したこともあって鎮まりませんでした。こうした動きの中で革命の急進化をおそれた国王一家は、国外逃亡を図ったために国民からの信用を失いました。

その後、国王は処刑され、ジャコバン派という政治結社が物価と賃金の統制、理性崇拝とキリスト教の弾圧（＝古くからの信仰は理性崇拝型の改革の妨げになる）、伝統文化の破壊、反対派の大粛清など、**恐怖政治**を推し進めました。この極左的な動きに不安を抱いた人々の間では、経済情勢の乱れとともに恐怖政治への反発が高まり、ジャコバン派は指導者が処刑されたことで勢力を失いました。

やがて総裁政府という政権が確立したものの、人々は困窮に喘いだことで混乱を収められる強いリーダーを求めました。そこで台頭したのが、その頃軍人として名声を高めつつあったナポレオンです。ナポレオンは総裁政府を倒し、統領政府という中央集権的な体制を樹立しました。

以上がフランス革命のあらましです。フランス革命は、その規模が全国的であり、さらに国王が処刑されるなど英米よりも徹底的な革命でした。またイギリスの市民革命の影響は諸外国にあまり広がりませんでしたが、フランス革命の理念である自由と平等はナポレオン戦争とともに普遍化しました。市民革命は、とくに市民階級（＝この時代では商工業者や中産階級）が絶対君主を退け、議会制民主主義や自由権を確立するとともに封建制を決定的に解体することとなったのです。

君主政と権力の正当性

このようにフランス革命で認められた人権が普遍化したことや、革命によって領主や国王による専制が打ち破られたことは、現代でも評価されることがあります。

しかしフランス革命は、旧体制が暴力的に倒され、恐怖政治が国を支配したという点で否定的に見られることもあります。なぜなら、旧体制が酷い政治だったとしても、それを乗り越えるために数十万もの犠牲者を出すことが正しいとはいえないからです。

一方、日本の場合、諸説ありますが、直接の統治権力をふるった天皇は直近でも一四世紀の後醍醐天皇まで遡ります。大日本帝国憲法では君主大権が定められていましたが、天皇自らが権力をふるったことはほとんどありませんでした。天皇は直接の統治権力をふるわない名目的な君主という点で西欧の絶対君主とは異なるわけです。現在まで天皇に権威があるのも、武士による政権の陰で武力に訴えない文化的象徴として続いてきたことが大きいでしょう。

それは言い換えると、伝統が欠けていたり、権力的だったりすると、人間が権威を保つのは難しいということです。はじめは熱狂的に迎えられた政治家でも権威を保てるのは一〇年程度が限界でしょう。人為的に成り上がり、権力を行使し続ける政治家には時の流れとともに疑いの眼が向けられる一方で、天皇のような非権力的な人物の権威は時の流れに影響されにくいのです。

選挙で選ばれた政治家でさえ、時の流れとともに権威が疑われますから、不公正な形で権力者の座に就き続けることは余計に疑われやすいといえます。そこで各国には首相や大統領とは別に、象徴的君主や宗教、伝統文化など**国民を非権力的にまとめる存在**がいる（ある）のです。

社会主義が理念としては優れていても求心力に欠けるのは、世の中には伝統社会を急進的に刷新するのは無理があると考える勢力（＝保守派）がいるからであり、また急進的につくり上げられた権力ほど、そこに向けられる正当性（正統性）への疑いの度合いは強まるからです。社会主義国の政府は正当性が疑われやすいからこそ、恐怖で民衆をコントロールしようとするのです。

フランス革命でも伝統文化の破壊と反革命派の大粛清と経済の統制など恐怖政治を行った勢力がありましたが、それは長続きしませんでした。この計画的で急進的な動きは、のちの**社会主義革命**と通じるものもあります。

フランス革命は近代憲法とともに重要な権利が確立した契機でもあるのですが、だからといって惨たらしい行為の数々が許されるわけではありません。そのため評価が難しい出来事といえます。

9 憲法

憲法の位置づけ

憲法とは、広義には**国家の根本的な掟**という意味ですが、狭義（＝近代における意味）には主権者（＝政府や国民、あるいは法）が公権力を制限し、国民の権利を保障する法という意味です。立憲の最大の目的は**国民の権利保障**にありますが、そのためには主権者が公権力を制限したうえで人権について規定しなければなりません。

そもそも、民主主義国家の法律は基本的には議員の多数決によって成立します。それでは、どんな内容の法案でも多数決でかならず成立するのかといえば、現代の先進国ではありえません。あらかじめ議会が多数決の効力を絶対と定めていると、議会の多数派によって不当な法案が可決され、司法権はそれを違憲にできなくなるからです。

違憲とは、法（法律・命令・規則・処分など）が憲法に反することです。法令そのものが違憲と判断されると、その法令について議会による修正・削除の必要が出てきます。法律は最高法規である憲法の下位に位置づけられるため、憲法に反してはいけないのです。したがって、合憲性が疑われる法案は審議対象になるとしても、憲法に明らかに反する法案は発案にも至りません。

立憲主義

公権力を制限する法がないと、それによって不当な法が定められたり、絶対王政期のように無法な課税や逮捕が行われたりして、国民の権利が侵されてしまうかもしれません。そこで憲法は憲法以外の法の効力を憲法の枠内に止め、公職者をその制限の下で活動させ、それによって国民の権利を保障しているのです。

つまり、憲法は公権力を一定の枠内に止めているわけです。その意味では、憲法は公職者が守るべき法なのです。一七世紀のイギリスでは、国王も法に服して議会に権利を保障すべきだと考えられました。そんな発想を君主だけでなく公権力全般に適用した法が憲法です。

憲法には「日本国民の三大義務」のように国民が守らなければならない規範も記されていますが、それは倫理的指針であって、公職者が守らなければならない規定こそが憲法成立の経緯からいっても憲法の核を成すものです。

このように国家が憲法を定めてそれに基づいて統治すること、とくに公権力を制限する性質がある憲法を定めたうえで統治することを**立憲主義**といいます。

近代法の性質

一般に近代憲法は個人について定め、さらに個人を独立した権利義務の主体と見なします。日本国憲法の三大原則の一つである基本的人権の尊重は、国家が個人の人格と尊厳を認め、国家が個人の権利を保障することに他なりません。憲法は国民を特定の身分ごとに括るのではなく、個人として尊重しているのです。

なお、個人について規定することは憲法だけでなく近代法全般にいえることです。たとえば近代刑法に関しても、ある集団が刑事事件を起こした場合に

図6　国内法の階層関係（下の法は上の法に反してはいけない）

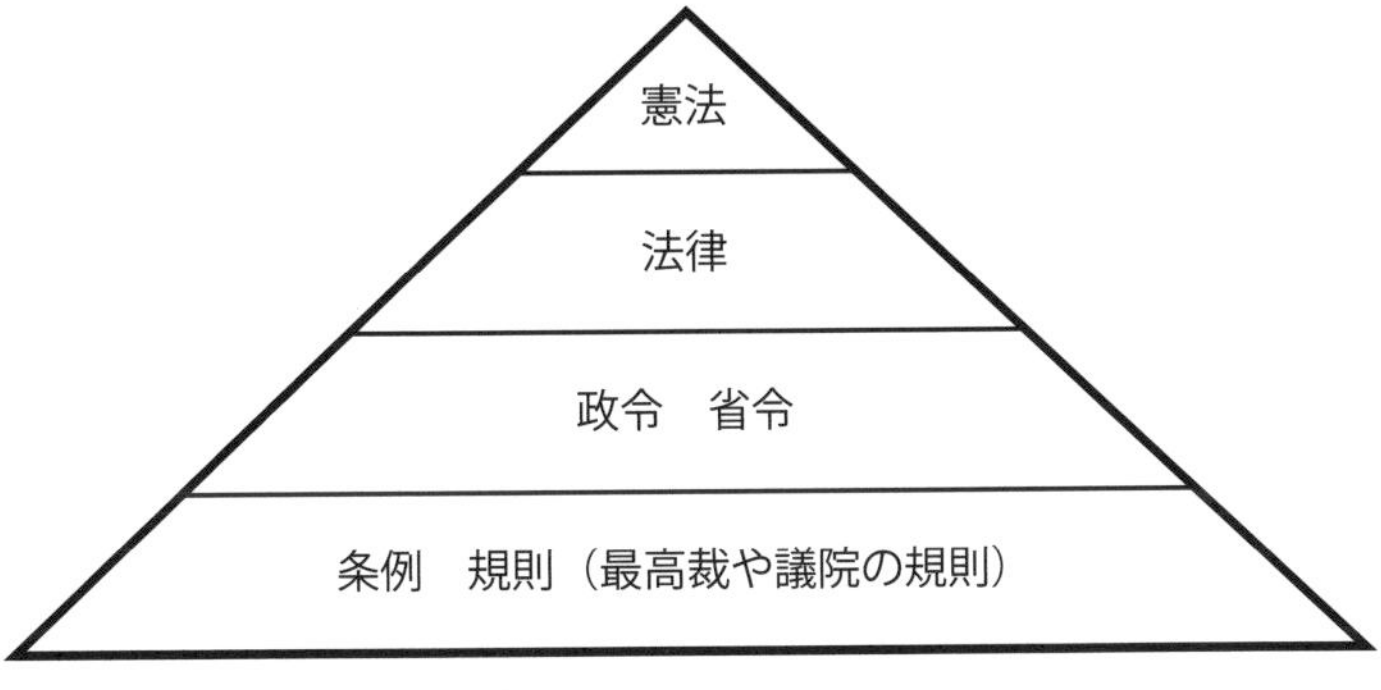

は、司法権が当事者を個別に裁き、個別に罰することが原則であり、連座（＝当事者だけでなく責任なき他者も連帯して罰すること）はほぼ否定されています。さらに近代民法についても、その私的自治の原則や所有権などは、国家が個人の権利を重んじたものです。このような**個重視の発想**は近代科学と共通しています。

ちなみに、日本では国民が二〇歳に達すると法的には一人前と見なされますが、世の中には分別のある未成年もいれば、分別のない成人もいます。つまり、法は個人を尊重するというより、年齢や免許などの要件によって人々を画一的に見なす面もあるということです。

憲法の最高法規性

このように憲法は近代法治国家の核を成す法であり、高い安定性が求められますから、多くの国でその改正要件は通常の法律よりも厳しく定められています。このような憲法を**硬性憲法**といいます。

憲法が最高法規と位置づけられるのは、公権力から国民の自由と権利を守ること、すべての国内法の中で最も強い効力があること、通常の法律よりも改正手続きが厳しく規定されることなどに求められます。

違憲審査と統治行為論

憲法は改正面についても別格に扱われる法だといえます。そこで司法機関は憲法が最高法規であることを保ち続けるために、法令や公権力による行為が憲法に違反していないかどうかを審査します。これを**違憲審査**といいます。

戦前の大陸法系国家では、裁判所による違憲審査は越権と見なされていたため違憲審査は制度化されていませんでしたが、現代では、国家は法の実質的な公正さを確保するために、違憲審査を制度化しています。ただし、現実には違憲審査が適さない事例があります。この点は重要です。

違憲か否かを判断する機関は、日本では裁判所（とくに最高裁判所）ですが、裁判官は国民から直接選ばれていません。よって裁判官が違憲判決を積極的に下してしまうと、選挙で選ばれていない裁判官が法を牛耳ることになってしまいます。したがって、大陸法の影響が強い日本では、違憲判決は積極的には下されません。とくに衆議院の解散や条約の締結など高度に政治的な事案については、**統治行為論**といって裁判所が法的に判断できるとしても司法審査は避けるべきと考えられています。

10 近代国家と近代法の原則

司法と法改正の限界

裁判所がどこまで法や政治経済に口を出すべきかについては議論があります。そもそも、法制度が常に完璧な国は存在せず、また社会情勢は刻々と変わるので、ときには裁判所の力を借りて時代に応じた法制度の変更が必要とされるのです。ただし、憲法の改正については、その基本原理を大きく壊すほどの改正に及んではいけないという説が有力です。要するに、企業経営には変えてもよい枝葉の部分と変えてはならない幹があるといわれるように、国家の実定法においても変えてもよい部分と、変えてはならない幹があるといえます。

なお、それらを見分けるには、近代国家の性質と近代法の原則を知ることが有効です。近代法の原則を知ると、近代法の核（＝大きく変えてはいけない部分）が見えるはずです。まずは現代では否定されている国家無答責の法理を例に、その近代法の核の一端を見ていきましょう。

国家無答責の法理と国家賠償制度

国家無答責の法理とは、国家は君主に対してのみ責任を負い、国家が公権力の行使によって国民に損害を与えたとしても、国家は賠償責任から免れるとする法理です。前近代的な性質が感じられますが、戦前の近代国家でも見られた法理です。その頃、公権力は過ちを犯すわけがないと考えられたので、公権力の賠償責任に関する法が定められていなかったのです。

しかし、いうまでもなく公権力も誤った行為や予期せぬ形で国民を害してしまうことがあります。たとえば、パトカーが逃走車両を追っている最中に無関係な一般人を負傷させてしまうこともあるでしょう。そこで日本国憲法第一七条では国家の賠償責任が定められ、国家は代位責任説に沿って国家賠償制度を整えていきました。代位責任とは、公職者が公権力の行使によって市民に損害を与えてしまった場合に、それを公職者個人に賠償させるのではなく、国家が公職者個人の代わりに損害を賠償することです。損害の規模が大きかった場合、公職者個人ではそれを賠償することが困難です。それでは被害者が救われませんから、国家が公職者個人の責任を代位して賠償するのです。

また、いざというときに国家が賠償してくれるという安心感があれば、公職者は過失や損害が生じることをおそれずに公務を行えるものです。そういった安心感がなければ、警察は凶悪犯を決然と取り締まれないでしょう。

法が機能する要件

　政府が秩序を整えることは、国民の道徳や順法精神を育むためにも重要です。たとえば、東日本大震災直後の首都圏においては日用品の買い占め行為は起きたものの、一部の不届き者を除いて多くの人々は秩序を大きく乱さなかったことが世界中から驚かれました。一方、以前同じく大地震が起きたハイチや、巨大ハリケーンの被害に見舞われたアメリカのニューオーリンズでは略奪や暴行が相次ぎました。このような違いが生じたのは、日本人は同調圧力や恥の意識が強いからともいえますが、日本では道徳や法が通用するだけの社会が築き上げられていたことも大きかったと考えられます。

　つまり、ハイチやニューオーリンズで違法行為をしでかした者は、好き好んで法を犯したというよりは、法を積極的に犯さなければ生きていけないほどの状況にいたのだから、法を守っている場合ではないと考えたのではないでしょうか。

　同じようにフランス革命でも、人々は旧体制の打倒と人権の実現にとらわれ、そこに食料危機やデマが伴ったために略奪や虐殺など惨たらしい行為に及びました。その意味では、法はそれ自体が法典として整っていることも重要ですが、国家が日頃からインフラや災害への備蓄を整え、教育水準を高く保っておくことも重要でしょう。それらが日頃から整えられているほど政府が信頼され、非常時にも道徳や順法精神が保たれる見込みが高まるからです。条文が立派でも国民や為政者に順法精神が欠けていたり、その社会的環境が未成熟だと、条文は見せかけだけのものになってしまうのです。

以上のことから、国家は非常時にのみ勇ましく権力をふるえばよいわけではなく、日々、国民の道徳や順法精神が自発的に表れるようにし、それが通用する社会を築く必要があるといえます。

国家と信教の自由

このように国家（とくに政府）は社会の秩序形成の中心にあります。しかし、国家とその実定法は万能ではなく、国家が妥当だと判断して定めた自由主義的な法が事件につながったこともあります。その一例が一九八〇年代に神奈川県で起きた「大ちゃん事件」です。

この事件は、男児が交通事故に遭って輸血手術が必要な重傷を負ったことがきっかけになりました。むろん、男児は病院に運ばれて輸血処置が施されるかと思いきや、男児の両親は信仰上の理由から輸血処置をかたくなに拒む書面を病院に出しました。そのため、医師は輸血処置を実施できず、事件発生から数時間後に男児は出血性ショックによって亡くなってしまったのです。

その後、警察は、男児は輸血手術を施されたとしても助からなかったと判断したため、両親と医師の刑事責任を問いませんでした。また、加害者である運転手は業務上過失致死の容疑で書類送検され、罰金刑が科せられました。一方、真偽ははっきりしませんが、男児本人は「生きたい」と解せるような意志を微かに示し、担当医は早期に輸血手術を施していれば男児は助かったという証言を残しています。（大泉実成『説得』現代書館　一九八八年）

医師が子どもにできる限りの処置を施したうえで亡くなったのと、そうでないのとでは、医師と運転手が背負う精神的苦痛は大きく異なったでしょう。国家が信教の自由を広く認めていたことなどが影響して、その事件は周りの人に重荷を背負わせてしまったわけです。なんともやりきれない想いが残る事件となりました。

その事件の数年後には、国立大学付属病院の医師が「大ちゃん事件」の両親と同じ宗教を信仰する成人信者に、説明と同意の取得を怠ったまま輸血したとして訴えられました。この訴訟で最高裁は最終的に原告に人格権（＝人格的生存に関する権利）の一部と、国と医師の賠償責任を認めました。つまり、司法は輸血拒否に関して**自己決定権**を消極的に認めたことになります。自己決定権とは、自らの生命や生活に関する事柄を自らが自由に決める権利です。

しかし現在の日本の法体系では、未成年者は責任能力（＝自らの行為の善悪や責任を判断し、それを負う能力）が十分ではないと見なされているため権利と義務が成人よりも制限されており、一定程度は監督義務者に従うべきであるとされています。ただし、未成年者の権利は自己決定権も含めて限られるとしても、輸血拒否のように、親権行使の範囲として他者である子どもを死に追いやるような意思決定が法的に認められることについては一考の余地があるでしょう。

このように近代国家が信教の自由を保障することに至った原点は、西欧の宗教改革と宗教戦争に見出せます。宗教改革を機にキリスト教の分裂が決定的に進み、その後の宗教戦争では人々が信仰や既得権をめぐって惨たらしく戦ったからです。つまり、公権力と宗教組織が結びついて政治に宗教を持ち込み、彼らが人々の信仰に不寛容な態度をとると戦乱状態に陥ってしまうのです。かくして近代国家は政治と宗教の分離を定め、あらゆる宗教組織に対して中立的であることが求められ、信仰に強く干渉すべきではないとされました。これがいわゆる**政教分離**であり、**近代での自由主義の原点**ともいえます。

近代における自由の意義

これまで述べたように近代国家では信教の自由が保障されています。他にも近代国家では、表現の自由、人身の自由（＝奴隷・残虐刑の禁止と罪刑法定主義など）、職業選択の自由などが定められています。[※4] 以上のような自由権は憲法に記されており、それは基本的に公権力の側が規制対象になります。これは政教分離を例にとると、公権力による特定宗教への弾圧や優遇は違憲ですが、宗教団体の政治活動は違憲ではない（政治上の権力行使は違憲）とい

※4　一般に精神面と経済面では立法や違憲審査の基準が異なります。政府が不当な経済法を定めたとしても、民主政の過程で是正することができますが、精神的自由権を不当に規制した場合、民主政の過程そのものが絶たれるからです。

うことです。

ここで重要なのは「信教の自由」をはじめとした精神的自由は**他者とほどよい関係を保つ手段**として有効に働くということです。そもそも、地球上のすべての人間が唯一の平和的信仰の下に完全にまとまっていれば、争いはまったく生じません。しかし、かつてキリスト教信者やフランス革命勢力の中でも人々は派閥間の対立を繰り返したように、人々が一つの思想にまとまることは困難です。政府が国民にある思想を強制すれば、皆を一つに染め上げられるかもしれませんが、そのようなことは現代では受け入れられないでしょう。そこで政府が信仰に関して争いを抑えるには、国民に思想を強制するよりも自由を認める方が賢明です。

もちろん、思想・信条が完全に自由であることはほとんどありえず、学校やメディアなどを通じて「○○は偉い」とか「経済成長が重要」という程度の価値観は刷り込まれているのが普通です。

また意外かもしれませんが、現代の先進国の中で政教分離

図7　近代国家で一般的に定められる自由権

自由権の種類	具体例
精神的自由	思想・良心の自由　信教の自由 学問の自由　表現（=集会・結社・言論など）の自由
人身の自由	奴隷的拘束からの自由 法定手続きの保障・罪刑法定主義
経済的自由	居住移転の自由　職業選択の自由 財産権・私有財産制　営業の自由　契約の自由

を厳しく適用しているのはアメリカと日本とフランスくらいのもので、それ以外の先進国では政府が信教の自由を保障しつつ国教を定めたり、政教条約（＝国家と教会・教皇の間での条約）を結んだりしています。つまり、政教分離の解釈や水準は国によって異なるのです。それは悪いことではなく、何らかの思想の下に国民が穏やかにまとまることは秩序維持にとってプラスになります。

「表現の自由」も同様に、他者の権利を侵害する行為や公務員の政治活動は制限されますが、その他は常識の範囲内では自由です。自らの思想や表現について一定の自由が確保されていることで、他者との間でつまらぬ争いが避けられるわけです。そうした状況を踏まえると、近代以降、自由を享受する資格があるのは他者の自由を尊重し、秩序を乱すことなくふるまえる人だといえます。なぜなら、各人が自らの自由に責任を持ちつつ他者の自由を尊ぶことで秩序が保たれるからです。未成年の権利が成人の権利よりも制限されているのも、こうした分別がまだついていないと思われているからです。

このように近代国家は個人の自由を保障することができます。近代国家の自由とはアナーキー（＝無政府状態）を意味するのではなく、国家が示したルールの下で、個人が他者と適切な関係を保ったうえで成り立つ高度な秩序だといえます。

私的自治の原則

こうした個人が他者と関係を保ったうえで成り立つ自由は、私人間にも認められています。それをまとめて表した原則が**私的自治の原則**です。これは、私人間での契約、遺言、社団結成など、私人間の法的関係は個人の自由に任せるという原則です。

そもそも日本の民法にはかなり多くの条文があり、そのうち強行規定は守る必要がありますが、任意規定は守らなくてもよいのです。より正確にいうと、任意規定について当事者が民法と異なるルールを定めて当事者間で合意に至ったときには、それが民法よりも優先されるということです。よって、当事者間でのルールは守る必要がありますし、当事者間でルールを定めていないときには民法が優先されます。この章のはじめで「法は強制力のある規範」だと述べましたが、私法の強制力というのは、自分たちのルールが優先されるという点で公法とは少し異なるわけです。これは「部分社会の法理」といって、学校内や政党内で生じる問題は、それが一般市民にとっての法秩序と関連しない団体内部にとどまる限り、司法審査が及びにくいことと似ています。

ここで私的自治の原則と近代国家は関係ないのではと思われるかもしれません。確かに近代国家は私的自治の原則に直接的には関係しません。しかし、この原則は「権利の行使及び義務の履行は、**信義**に従い**誠実**に行わなければならない（日本民法第一条二項）」や「**公の秩序**又は**善良の風俗**に反する事項を目的とする法律行為は、無効とする（日本民法第九〇条）」という制約の下に成り立つので、国家がまったく関係ないとまではいえません。とくに私的自治の原則は、国民の法意識がそれなりに高くないと成り立ちませんから、その成否には国家の教育水準も関わります。

未成年のうちは法律行為をあまり意識しないかもしれませんが、成人になると、取引や雇用について様々な契約を自ら結んでいくことになります。封建時代の法は、おもに宗教関係や封土・主従（身分）関係を規定するものでしたが、近代の法は、成人をある程度自由に動ける主体と見なしているのです。

自由と社会保障

一方、近代国家は、国民に信教の自由や職業選択の自由など様々な自由を保障したことによる弊害を防ぐために、様々な形で対策を講じます。その典型が社会保障です。

たとえば、ある人物が勤務先の会社を自発的に辞めて起業したとします。むろん成功する人もいれば、失敗する人もいます。その場合、自由の恩恵を受けて起業したにもかかわらず事業に失敗した人は、自己責任を理由に国家からの救済を受けられないと考えるべきでしょうか。

そこで起業家は勝手に会社を辞めて勝手に起業したのだから、国家は救済する必要がないと判断したとしましょう。その場合、起業に失敗した人が資産家だったり再就職先を早期に見つけられたりすれば問題はありません。しかし、再就職がうまくいかない人が増えると、失業者が街にあふれ治安悪化という社会問題に発展します。また政府からの救済がまったくなければ、国民は失敗を強くおそれるようになるでしょう。果敢に挑戦して失敗した人を退けてばかりいては、社会は全体として活力を失ってしまいます。とくに安定した境遇にある有能な人は、セーフティネットが整っていなければ、安定を捨てて起業することに消極的になります。

具体的にどの程度救済するかという問題は置いておくとして、政府は個人の問題を社会問題へと発展させないためにも、事業に失敗した人を**最低限救済する必要がある**と考えられるのです。つまり職業選択の自由は、それが失敗したときに政府が救済するシステムが整っていてこそ、まともに働くといえます。職業選択の自由は社会保障制度と一体的につくられているということです。法はそれぞれが独立的につくられているのではなく、**他の法や社会（＝社会保障や社会問題の解決）とのバランス**を図ったところに成り立っているわけです。

刑罰──身体刑から自由刑へ

以上のように近代国家は国民に自由を保障することを基本とします。しかし、近代国家は監獄によって「人身の自由」を強制的に制限することがあります。監獄とは、国家が自由刑（＝懲役、禁固、拘留など身体の自由を奪う刑罰）の受刑者や被疑者・被告人などを拘禁する施設です。この監獄で受刑者は日々の反復的な行動を通じて社会に適応できる規律を内面化していきます。

他方、前近代の刑罰は火刑や凌遅刑（＝肉体を少しずつ切り落として死に至らしめる刑）、釜茹での刑など、短時間で死ぬことができない惨たらしい**身体刑**（＝身体に苦痛を与える刑罰）に満ちていました。統治者が権力を誇示するために惨たらしい刑罰が重視されていたと考えられます。

しかし、近代になって人権の概念が広まると、国家が惨たらしい刑罰をやみくもに執行するよりは、更生できそうな者、あるいは犯した罪が軽い者については、国家がその自由を強制的に奪ったうえで、彼らを更生させようとする気運が高まりました。

身体刑の合理性

前近代において惨たらしい刑罰が多かったのは、死に至らしめる方法としては合理的ではなくても、その時代に即した犯罪抑止効果としては合理的だったと考えられていたからだと思われます。

たとえば、江戸時代の司法機関には数名の監視役がいたものの、今日の弁護士にあたる人はおらず、被告人は一方的に裁かれていました。具体的な刑罰については、身体刑が適用されることもあれば、軽罪については名誉刑といって説教や公衆の面前での晒し行為も適用されました。

このように被告人が一方的に厳しく裁かれたことは、その頃の科学水準と司法の目的が現代とは異なることが影響しています。というのも、江戸時代では指紋照合や監視カメラに関する技術が確立していなかったため、真相解明が困難です。そこで司法の担当者は多少の冤罪があろうとも拷問や強迫などによって罪を強引に確定し、受刑者を惨たらしく罰し、それを民衆に見せしめて罪を犯すことへの恐怖心を植えつけることで、犯罪に手を染めないように仕向けていたといわれます。

今日では残虐刑や拷問は非人道的と見なされていますが、前近代では公的機関は強引な手段を使ってまでも犯罪抑止に努めることが合理的だったのでしょう。

合法的暴力とその独占

一方、現代の専門的な権力を扱う機関は、**暴力**（＝社会科学的には秩序維持のための物理的強制力）をほぼ独占しつつ犯罪抑止に努めています。たとえば、日本の警察は拳銃の所持と使用が法的に許されている一方で、私企業である警備会社の武装は制限されています。

歴史的には為政者から正当性を与えられた機関が、人々の行為を合法なものと非合法なものに分けつつ、後者に繰り返し制裁を加えて暴力の正当性（正統性）と独占を確保していきました。為政者から認められた公的機関が法を繰り返し行使すると、それはやがて社会全体からも認められるのです。

このように国家が非合法の暴力を取り締まるのは、非合法の暴力を放っておくと、警察や国防軍による正当な暴力を非合法の暴力が上回り、その結果、野蛮な暴力を取り締まれなくなるからです。よって暴力は、かつてウェーバーも述べたように、警察や国防軍などの公権力によって独占されなければならず、合法の暴力は私的な暴力を圧倒する水準でなければ意味がないのです。もし、私的な暴力が公設の暴力を上回ってしまったら、体制が強引に覆されて野蛮な暴力がまかり通ってしまいますから、国家は私人の武器所持を規制するとともに警察や国防軍に私人よりも強い武力を持たせるわけです。これが暴力の独占の意味するところです。

自力救済の禁止

さらに暴力の独占に関して、近代法では原則として**自力救済**（自救行為）が認められていません。自力救済とは、私人が公権力によらず自力で権利を回復しようとすることです。

たとえば、ここに自分の所有物を盗まれた人がいるとします。その人がそれを自力で取り返そうとすると、その人は感情にまかせて行動することで相手や手段・程度を誤ってしまうかもしれません。また加害者に刑罰を科すにしても、その人の勝手な判断に基づいて不当に重い罰を加えてしまうかもしれません。ですから警察や裁判所など、法に基づいて捜査・判断を専門的に行う機関が整えられているのです。公人が法に沿って死刑を判決・執行するのと、私人が死刑を執行するのとでは、その結果がまったく同じだとしても、私人は執行役としての立場を法的に認められていないという点で、まるで意味が異なるわけです。

現代の法治国家では私人でも裁判員・陪審員として裁判に加われるなどグレーゾーンもありますが、基本的には私人は公権力を行使してはいけないのです。このことは法秩序を保つためには欠かせません。なお、自力救済は状況次第では許されることになっています。

11 近代の国際法

国境のあり方の変遷

これまで見てきたように、近代法の原則は法の専門職以外の人にも密接に関わってきます。ただし、これらの原則は基本的に国内（とくに先進国）で通用するものであって、国際社会では事情が異なる場合があります。それを理解する際にまず重要なのが、国境のあり方の変遷です。

前近代では、城壁や河川などによって区切られた地域を除き、各地の国境線は不明確でした。人々は国に属している意識よりも、主君に仕えている意識が強かったからです。また戦争によって領土はたびたび変わり、その領域を計測する技術も未熟でした。とくに人口や資源に乏しい山奥や離島部では、わざわざ正確な境界線を引く必要も技術もなかったので、各地の境界線がいっそうあいまいでした。

つまり、前近代では各地の境界線があいまいだったので、その時代の人々は島嶼部の土地・海域を自由に利用していたということです。西欧に限らず大陸諸国全般の前近代史が単純な一国史によって語りにくいのも、こうした前近代での境界線のあいまいさが影響しています。

土地の境界線があいまいだと徴税が難しいのではと思われますが、それでは何に対してどのように課税していたかというと、領主は封建制下で移動の自由が制限されていた領民や収穫物に課税していました。ですから前近代では、重罪にもかかわらず税や労役から逃れる行動がたびたび起きたのです。

しかし、その後は地理的計測技術も高まり、境界を画定させることができました。そして経済活動上の要求から、国内では居住移転がほぼ自由になりました。普遍的な制度として国籍や旅券・査証が確立したのも近代のことです。さらに現代では海底からも資源が大量にとれることがわかっています。その資産をめぐる紛争を避けるため、各海域の国境線は国際法をもとに地図上で引かれています。

国境の原点──諸権力が棲み分けて争いを抑える

国家が国境線をきちんと引くようになった原点は、ヨーロッパの宗教戦争に見出せます。宗教戦争の中でも**三十年戦争**は悲惨だったと伝えられており、神聖ローマ帝国（今のドイツとその周辺）は荒れ果て、ドイツは近代化に出遅れました。三十年戦争ではプロテスタントが弾圧され、その内戦に他国が干渉し、そこに国家の覇権争いが絡んだため、戦争がヨーロッパ全土に拡大したのです。そこで三十年戦争の講和である**ウェストファリア条約**では、スイスとオランダが独立国として認められ、さらにドイツ諸侯の領土とプロテスタントの権利も確認されました。それがあいまいなままだと、また戦乱状態に陥るため、国家は条約を用いてたがいの権利や領土を認めたということです。

図8　三十年戦争を描いた、ジャック・カロによる『戦争の惨禍』

このように民族や諸権力が棲み分けて、国家が他国に干渉しなくなれば、国家間での戦争の発生を抑えられます。そしてこの講和の過程や法学者の理論とともに明確になったのが主権です。この主権が本格的に理論化され始めたのは一六世紀になります。

主権国家—国家の地位と権能の明確化

一六世紀から一七世紀にはヨーロッパ各地で新旧の秩序や覇権をめぐって戦争が起きました。そしてヨーロッパでの戦争と国際会議のたびに国際秩序が見直されていく中で主権国家が成立していきました。

主権国家とは、特定領域内で排他的な権力をふるう共同体のことです。「主権：sovereignty」とは、多義的ですが、その原義は「**最高・独立**」です。一般に主権には「国民や権力者が国家のあり方を決める最高の権利」「国家が他国の干渉を受けずに国民や領土を治める最高の権力」「対外的独立性」という三つのとらえ方があります。主権を一言で表すなら、国家が領土の中で皆の境遇や地域の違いを超えて成り立たせる「最高の力」といえます。

主権は、宗教戦争期に分立的だった統治権力を君主が自らのもとに集めたところから生まれました。その後、主権は世俗的・民主的な方向へと発展しました。

現代の主権国家は、**領土・領水・領空**という領域と、永久的な住民と、外交能力という要件を備えています。さらに国内に君主あるいは政府に優越する統治権力がなく、外国から内政に干渉されないということになっています。内政不干渉の原則下では、国家は他国の立法や公職者の任免などに関して干渉してはならないのです。このように主権国家という形は、国家の個としての地位と権能を確保するものといえます。

国家の承認

こうして西欧に始まった主権国家という形は世界各国に定着しました。ここで重要なのは、ある共同体が独立して主権国家であることを外国に認めさせたい場合、主権国家としての要件を満たす必要があるということです。ただし一昔前では、独立しようとしている国は主権国家としての要件を満たすことに加えて、他国からの承認も必要とされていました。このように、ある国家が、別の新たな国家の法主体性を認めることを「国家の承認」といいます。

現代でこうした点について争われている領域としてシーランド公国があります。シーランド公国とは、イギリス・ブリテン島南東部に位置する面積数百平方メートルほどの小さな人工要塞で、この要塞に住んでいる数名が独立国を自称しているのです。

しかしというか当然というべきか、シーランド公国は他の独立国から独立国としての地位を認められていません。国連海洋法条約で島は人工物ではなく自然に出来上がった陸地と定められているからです。領土としては認められていない、そんな要塞が独立国として国際的に認められてしまうと、同じようなことをする者が増えて国際秩序が乱れてしまいます。

無主地先占の法理

国家の承認のような条件は、一八世紀から一九世紀の欧米を中心とした国際社会でも見られました。というのも、その頃の国際的な取り決めを行う条約・会議に法的主体として加われたのは、欧米諸国と、欧米から文明国と認められている国家だけだったからです。文明が遅れている未開国（＝無主の地）は西欧発祥の文明的な法体系を受け入れたり表したりできないと見なされていたため、国際的な取り決めを行う体制に組み込まれていなかったといわれています。

さらに近代では、未開国を最も早く支配した国家に領有権が与えられると文明国は見なしていました。これは現代の国際法でいう無主地先占の源流です。

無主とは所有者がいないことで、先占とは先占取得の略です。すなわち無主地先占（先占の法理）とは、無主の土地に対して最初に所有の意思をもって実効的に支配した国家が、その土地の領有権を得られるという法理です。同じような法理に無主物先占があります。これは先占の対象を動産（＝不動産以外のもの）とする法理です。基本的に無主地先占における法理の主体は国家に限られます。

この近代における文明国中心の無主地先占は横暴でしたが、現代でも欠かせない法理であることに間違いはありません。国家がこの法理を持ち込まなければ領土を画定できないこともあるからです。

問題は、欧米列強が文明国優位の考え方に沿って植民地を独善的に広げていったことにあります。アフリカ大陸のような未発達の領域、すなわち欧米列強にとっての未開国を早く見つけて、早期に実効支配を確立した文明国に領有権という利益が認められるので、近代から文明国による探検や開拓競争が進んだわけです。一八世紀から一九世紀には西欧諸国にとっての対蹠地（＝いわゆる地球の裏側）にあたるオセアニア・太平洋諸島や、西欧から暗黒大陸と蔑まれていたアフリカは、列強によって内陸まで開拓されてしまいました。

文明国中心の論理

このように欧米の主権国家は、一神教ゆえの国民統合力と、他文明を見下すような暴力的手段を用いながらも、それまでの宗教に基づく利害よりも領土や資源など現世の実利を重視するようになったといえます。

文明国優位の無主地先占が批判的に解釈されるのは、文明国が未開国を劣等だと見なして支配した歴史があるからです。当時の未開国は欧米列強から見て「無主」にすぎない文明水準だったかもしれませんが、だからといって欧米列強に独善的なルールに沿って未開国を搾取する権限があったかといえば、それはありません。

現代では国際法と国際組織が整えられているため、領有権は慎重に扱われていますが、こうした機構が整えられていなかった時代では、欧米列強は文明国中心の論理を用いて未開の領域を無主の地と見なし、その土地を支配していました。そのうえ第二次世界大戦の終わり頃までは、先進国は国内向けの法や先進国同士の国際法を整えても、途上地域の権限を認める法整備には消極的だったのです。

幕末の日本も万国公法（＝当時の国際法）で「自主の国（＝文明国・国際法の主体）」から「自主の国」と「未開国（＝無主の地・主権が認められない土地）」の中間段階である「半主の国（＝主権について制限が課せられる国）」と見なされていました。そのため、日本は欧米列強から不平等条約を一方的に突きつけられましたが、もし日本が植民地としての利益に適う土地だったら、欧米の植民地になっていたかもしれません。

明治時代、江戸幕府が幕末に欧米諸国と結んだ欧米有利の不平等条約を改正し、欧米と対等に付き合うには、日本の法が彼らと同レベルであることを示す必要があると、明治政府は認識していました。明治政府が西洋出身のお雇い外国人の手を借りて近代法を素早く整えたのもそのためです。

国際法と国際社会

そのような歴史的背景を持つ現代の国際法は、西洋全体からの影響が強い法です。国際法は一六世紀から一八世紀頃まではヨーロッパでしか通用せず、また帝国主義の時代では文明国中心の法でしたが、その後の試行錯誤を通じて国際社会全体でも「それなりに」通じるようになったからです。

「それなりに」というのは、国際法は国内法とは性質が異なることを意味します。そこで思い出していただきたいのは、主権は「最高の力」だと少し前に述べたことです。しかし、主権は一国内では「最高の力」だとしても、国家と国家が相対する国際社会では主権を上回る権力が存在しないので、主権国家は平等に並立しているだけなのです。

現代の国際社会で平和を先導するとされる**国際連合**は、加盟国の主権を平等に扱うことを原則としているため、主権に優越する権力を持っているとはいえません。つまり、国際社会には主権国家に強制力を行使できるだけの権力（＝世界政府のような機構）はありません。この状態は政治学の世界では**アナーキー**（＝無政府状態）だと評されます。

一方、この状態は国内統治と対照的です。たとえば日本国内では、国会という集権的機関が全国的に通用する法律を成立させられます。また日本国内で法に従わない者に対しては、行政（＝警察や国税庁など）が強制力を行使できます。

しかし、国際社会には警察のような強力な執行機関がありません。平和の破壊国に対して軍事的措置をとることができるとする国連軍も、国連憲章で予定されている形としては実現していません。国家間の紛争についても、当事国同士が同意しなければ国際司法裁判に持ち込めません。**国際法の体系は強制力に欠ける**のです。もし、ものすごく賢くて人徳もあるA国のA氏が世界政府を設立したとしても「なぜB国はA国人がつくった権力に従わなければならないのか」と反発されるだけです。

国際法の実態

では、国際法とは何なのかという疑問が生じるでしょう。これは基本的には**条約**と**慣習国際法**から成り立っています。条約とは、国家間での書面による法的合意を意味し、さらに慣習国際法とは、国家間での慣行から生まれ、それが法的確信をもって広く行われるに至ったときに成立する法のことです。これらの定義を見ると、国際法は、もっぱら国家間を規定するものだと見なされがちですが、現代では個人や私的組織も規律の対象になりうるとされます。

以上のように国際法の強制力は国内法よりも弱いのですが、国際法に違反する国家には非難決議や経済制裁が発せられることもあります。これは、その国の経済状況を悪化させるだけでなく、国際的評価にも悪い影響があります。また、条約は原則として合意した国のみを拘束しますが、国際社会の中で条約の合意国が優勢になれば、非合意国も合意せざるをえない状況に追い込まれるでしょう。

ところで法をつくるときの基本は、妥当な行為と、そうではない行為を考えることです。

ただ、それは一国内ではまとまりやすいとしても、国際社会を舞台にすると難しいものです。実際、日本では妥当と見なされている法が途上国では通じないこともありますし、政教分離型の国と祭政一致型の国は理解し合うことが難しいのです。

もっとも、途上国は国際法云々の前に国内の法・経済・政治が整っていないことがほとんどです。したがって、国際社会が途上国も含めて国際法に実効力を持たせるには、途上国と先進国が協力して途上国の国内法や政治経済を整える必要があるといえます。

第3章

近代経済

本章のポイント

☑経済学は資源の有効利用をおもな目的とする。

☑経済成長や経済発展につながる精神として、禁欲・勤勉、劣等感・競争心、自由主義、欲望、楽観・安心感などがある。

☑貨幣や金融は皆からの信用をもとに成り立っている。

☑スミスは自由主義、マルクスは共産主義、ケインズは裁量的な需要創出、フリードマンはマネタリズムという方向性を示した。

☑近代経済が自由主義と個人主義を基調としている点は近代法と共通している。

☑需給の変動と市場価格という市場経済の作用は事後的であり、法則に近い性質を持つ。

※本章では「経済発展」と「経済成長」という二つの似た言葉がたびたび出てきますが、前者は未発達の経済が近代的な構造に変わることを意味し、後者は経済の規模が大きくなること、とくにGDP（＝国内総生産）が伸びることを意味します。

1 経済学の意義

経済学とは何か

経済とは、人間による**生産・消費・交換・貯蓄・投資**などのことです。この中の投資という要素一つだけをとってても経済、いくつかの要素をとり上げてみても経済、全体としても経済です。それらを歴史も含めて解き明かしつつ、**資源**（＝労働・資本・土地・天然資源など生産に関する要素）の有効な使い方を研究する学問が経済学です。

一般に経済学の意義は**資源の希少性**に見出せます。というのも経済学では**人間の欲望は無限**であるととらえられていますが、地球の資源のほとんどは明らかに限られています。そこで人間が人間の欲望を満たすだけの財を効率よく生産するにあたっては、有限の資源をどれだけ用いて、どのように組み合わせるかという**資源配分**の問題が生じるのです。※5

とくに、資源の有効な配分にあたっては人間の性質や意思決定も研究する必要があります。

※5　ちなみに生産された財を各人にどれだけ分配していくかは、資源配分とは異なる概念であり、こちらは所得分配（分配理論）と呼ばれます。

効率的な資源配分や意思決定と聞くと、経済学は数値や合理性に目を向けるだけの冷たい学問だと感じられるかもしれません。確かにそうした面も否定できませんが、数値や金銭という皆の共通尺度に置き換えられるからこそ、研究者や政策担当者は個人的な価値観に引きずられることのない政策を公平に導けるともいえます。

経済学の役割

それでも経済学を金儲けに関する学問ととらえている方もいるかもしれません。確かに、経済学には人間の合理的な行動やＧＤＰの増やし方について研究する面もあります。しかし、現代の経済学には失業率の改善や環境問題の経済的解決など単なる金儲けとは異なる社会的使命が課せられています。

その意味では経済学を金儲けのための学問と小さくとらえるのではなく、経済を広く解き明かし、限られた資源を有効に配分し、合理的な意思決定に資する学問と広くとらえてみてはいかがでしょうか。

2　前近代の経済感覚

資本主義における貯蓄

その昔、いくつかの古代社会では権力者は財貨（とくに金）を集め、それを装飾品や偶像として整え、皆で崇めていました。

しかし、こうした姿勢は化学的に安定して輝く金を永続的な権威の象徴として崇めるものであって、資本家が労働者を雇って収益を**禁欲的**に蓄え、それをもとにさらなる成長を目指す資本主義とは大きく異なります。

これはたとえば、小さな商店の主が、稼いだ収益をすぐさま使い果たすのではなく、収益を貯めてから、それをより大きな店の出店費用へと回し、そこから大きな収益を上げようとする姿勢が当てはまります。店主は欲望のままに収益をすぐに使い果たすのではなく、収益を禁欲的に貯め込んでから、効率よく投資することで収益を大きくしていくのです。

近代に資本主義が生まれた要因

ここで、古代の様々な地域では商取引があったにもかかわらず、なぜ近代になるまで資本主義が生まれなかったのかという疑問が出てくるかと思います。

これに関してはいろいろな説があります。西欧についてよくいわれるのは、中世の西欧では金持ちや金儲けが蔑まれ、さらに封建貴族が経済活動を牛耳っていたため、自由な経済活動が発展しなかったというものです。そのため古代での商業取引が、すぐには資本主義につながらなかったと見られます。この説から推測すると、資本主義が生まれるには**金儲けへの蔑み**が薄れ、様々な権利が認められる必要があります。

キリスト教と資本主義の精神

繰り返しになりますが、中世の西欧で金持ちや金儲けは卑しいと見下されていました。実際、聖書には金持ちを蔑む記述と、利子を制限すべきだとする記述が見られます。カトリック教徒は「個人がお金を貯め込むことは不徳」「金持ちは天国に召されない」と信じており、さらに疫病や死をおそれて教会に富を積極的に寄付したといわれています。

大航海時代でも旧教国であるポルトガルとスペインは、新教国であるイギリスやオランダとは対照的に貿易よりも伝道を重んじていました。また当時の旧教国では、宮廷と教会が交易や寄付から得られた財を贅沢品へと費やしていました。現代まで残っている旧教国やカトリック関連の歴史的建造物が豪華なのも、かつての寄付や交易が影響しているのです。このように彼らの経済が英米ほど成長しなかった一因に、得られた財が浪費されるばかりで禁欲的な生産や投資につなげられなかったことが挙げられます。

一方、資本主義が早くに興ったといわれる英米蘭は、カルヴァン派（プロテスタントの一派）が多い国でした。その理由については、かつてウェーバーが述べたようにカルヴァン派の倫理と「予定説」に要因を見出すことができます。予定説とは、「救われる者は神の意思によってあらかじめ決まっている」という説です。これを確証したいがために現世で禁欲的に働いたカルヴァン派の人間が、西洋の経済を発展させたといわれています。つまり、英米蘭ではカルヴァン派が多かったからこそ（とくに商工業者に多かった）、資本主義の興りも早かったと考えられたのです。しかしこの説には、「その頃のイングランドでは国教会が優勢だった」「経済発展が果たされた結果として教説が変わった」「他の地域にも資本主義の精神は見られた」という批判があります。

この点、新教の予定説を理由にするのではなく、キリスト教徒自身の自立心が利己的な経営精神を生んだと考えることもできます。とくに近代で経済発展が著しかったイングランドでは、形式的には新教に分類される国教会（教義や儀礼は旧教寄り）が優勢でした。旧教徒と新教徒が入り混じったところに資本主義が生まれたのかもしれません。

3 西欧経済の流れ

海外で稼ぐ時代

資本主義が生まれた過程は複雑で、蓄財、権利の承認、予定説以外にも様々な要因があります。その一つの大きな見方が、西欧の国家や開拓者が利潤を強欲に求めているうちに、いつのまにか定着したというものです。それが本格的に始まったのが大航海時代です。

そもそも中世の時点では、西欧の経済と科学の水準は中東諸国や中国に比べて明らかに劣っており、西欧には魅力的な物品が欠けていました。

しかし、**東方貿易**が西欧にアジア産の香料や絹織物をもたらし、十字軍やマルコ・ポーロなどから伝えられた情報が遠方への興味をかき立て、さらに技術が進歩して遠くまで航海できるようになると事態は変わっていきました。遠方アジアやアメリカ大陸原産の新奇な物産（種々の香料、茶、砂糖、陶磁器、タバコなど）が西欧に安定的に持ち込まれるようになり、それらが西欧人の欲をかき立てたのです。

この一連の動きとともに海外への布教熱と、探検家の功名心と、学者の探究心と、王侯貴族をスポンサーとした国際交易への意欲も高まり、いつしか金儲けへの蔑みの感覚は薄らいでいきました。この国際交易の流れにいち早く乗ったのがポルトガルとスペインで、次いでイギリスとフランス、さらにスペイン領から独立したオランダが後を追いました。西欧地域は中国に比べて各国家の規模が小さく、たがいに張り合う関係にあったので、この激しい**競争心**が各国の海外進出をいくらか後押ししたと考えられます。

また一五世紀の西欧諸国は、交易の障害となった東側のオスマン帝国を避けるために西回りの新航路を開拓しました。それが偶然にもアメリカ大陸の発見につながり、彼らの経済活動の幅は一気に広がったのです。

海外進出の原点

大航海は西欧が見込んでいた以上に貴重な産物を西欧にもたらし、西欧は世界中で布教や植民地経営を行えるようになりました。一六世紀以降、**私掠船**（＝国王から許可を受けて海賊行為に及んでいた連中の船）の運用が盛んになったのも、戦利品の分け前が彼らの欲望をかき立てたからだといわれています。

しかし、地球球体説が根づいていなかった頃の西欧では、他文明の土地には怪物がおり、大海は途中から地獄行きの垂直の滝になっていると信じられていました。まだまだ非科学的な考え方が強い時代だったのです。さらに航海中は食料不足と疫病と難破と、他国の探検隊や海賊の襲撃の恐怖とも隣り合わせだったので、大航海は心理的にも困難を極めました。

当時、危険度の高い大航海の船員には囚人が採用されることも珍しくありませんでした。全体的に人口が少なく、航海中に囚人が亡くなっても結果としてそれは刑罰として肯定されるからです。実際、オーストラリアやアメリカ大陸は西欧からの流刑地として位置づけられた時代もありました。大航海時代以降の西欧による他文明に対する迫害には、偏見や野心、さらに囚人や荒くれ者が船員だったこと

図9　15世紀の中国船の半分ほどの大きさといわれる、コロンブス一行が使ったサンタマリア号のレプリカ
（LIBRARY OF CONGRESSより）

も影響しているのかもしれません。

また中近世の西欧は疫病と戦乱に見舞われ、近世では小氷期に見舞われるなど物資不足に喘いでいたので、未知の領域へ糧を求めていったということも海外進出の動機づけとして挙げられます。

中華思想と大航海

逆に中国の明朝は官僚中心の保守的な政治と農村中心の経済を営み、恵まれた地理環境にあったため、リスクを冒してまでも遠方に打って出るほどの状況に置かれていませんでした。それゆえ、結果的に西欧のように発展しなかったといわれています。

ちなみに一九世紀・清の近代化政策である洋務運動も守旧派勢力と**中華思想**が妨げとなり、清は日本ほど飛躍的に発展しませんでした。中華思想とは、中国（＝この場合は漢民族）は世界の中心であり、周辺国に優越するという思想です。古代・中世で超大国だった中国は、そのプライドから西洋文明をスムーズに受け入れようとしなかったのです。

一五世紀初頭の明の鄭和による南海遠征も西欧の大航海に先んじた冒険でしたが、大遠征は莫大な費用が負担となり為政者の交代とともに行われなくなりました。鄭和の遠征は大船団を保ちつつの遠征だったので、渡航の成功率は高かったものの費用がかさんだのです。また、鄭和が訪れた地域には彼を祀る建物が残っていることから、彼らは西欧諸国のように現地を搾取しなかったと考えられます。鄭和の遠征の目的は明の国威を発揚し、各国に朝貢貿易を促すことだったといわれているからです。

一方、西欧の船団は鄭和の遠征ほどの規模ではなかったため、渡航の成功率は低いものでした。しかし、航海に成功すれば搾取の成果も上がったので費用対効果は明の遠征よりも高い水準にありました。明と西欧諸国でこのような違いが生じたのは地理の違いだけでなく、儒教・道教・仏教（鄭和はイスラム教徒）とキリスト教の違いにもあったと考えられます。

封建制とその解体

時代を少し遡って中世封建制に目を移してみましょう。中世の西欧では、とくに農村部で現物経済が優位でした。しかし、商業が発展すると都市部では取引に使い勝手のよい貨幣が広まり、それは農村部にも及んでいきました。そこで領主は貨幣を求めて土地を農奴に貸し出し、地代については賦役（＝労働の形で支払うこと）として取り立てるのではなく、生産物や貨幣で取り立てるようになりました。

農奴とは、課税や移動、職業選択に関しては不当な扱いを受けていたものの、生産手段や家族の保有は認められていた領主に隷属的な農民です。農奴は地代としての貨幣を領主に納めるために農業の生産性を上げ、やがて一部の者は生産物を売って財産を蓄えられるようになりました。

一四世紀にはペストが中央アジアで発生し、それはモンゴル帝国や東西交易によってヨーロッパ南部に伝わったといわれています。当時のヨーロッパは衛生状態が悪かったため、ペストはヨーロッパ一帯に瞬く間に広がり、これによってヨーロッパの人口のうち四分の一ほどが減りました。そこで労働力不足に陥った領主は、労働力を確保するために農奴への扱いを改善したのです。

待遇が上向きつつあった農奴に対して領主が税の徴収の手を強めると、イギリスやフランスでは領主に対する反乱が起きました。反乱は鎮められましたが、少しずつ一部の農奴の地位は上がっていきました。この一連の動きは領主と農奴の隷属関係に基づく中世の経済を変えていきました。

その後、一六世紀半ば頃から一七世紀前半にかけては、西欧で**価格革命**（物価が急上昇）が起きました。価格革命の原因は、人口増加に伴う需要拡大や、中南米産の銀がヨーロッパに大量に入ってきたことにあったといわれています。物価の高まりによって固定的な地代収入に頼る封建領主は勢力が弱まった一方で、商業活動を行っていた者は物価上昇によって自らの収入も上がりました。そのため、結果として価格革命は封建制の解体を促したといわれています。

賃金労働者と移民の誕生

一六世紀のイギリスでも封建制の解体につながった動きがありました。その頃のイギリスでは毛織物業が発達しつつあったので、地主が羊毛を効率よく生産するために、境界があいまいな土地をまとめて大きな牧羊地を確立し、貧しい農民を追い払いました。これを**囲い込み**（エンクロージャー）といいます。囲い込みは一八世紀にも行われ、一説には、それによって農村を追われた者が賃金労働者になったといわれています。つまり、囲い込みは生産手段（＝土地や設備など）を持つ資本家と、生産手段を持たない賃金労働者とに分けることになった動きとしてとらえられるのです。

一六世紀には宗教改革に伴う混乱や、既存の都市が人口増加に対応できなくなったために、一部の人間はオランダ（ネーデルラント）など、信仰や商業活動に対して寛容な地域へと移り住みました。一七世紀には、同じ理由でイギリスやオランダの人々が新天地を求めて北米へと移り住んでいきました。

一六世紀から一七世紀における西欧の移民層は新教徒が多く、彼らは宗教的な弾圧から逃れるために移住を志したといわれています。移民は、移住先の土地ですでに確立された恵まれた職業に就くことが難しかったため、その頃地位の低かった金融業や商業、あるいは起業に励む傾向がありました。苦境に喘いでいる人間が起業や国外に活路を見出す姿勢は今も近世も変わらないようです。とくにアメリカでは、今でも個人の開拓精神を色濃く受け継いでいる面があります。

経済・学術・文化が栄える要件

このように近代は経済活動に便利な都市が発展しました。一五世紀・一六世紀にはアントウェルペン（アントワープ）が、一六世紀・一七世紀にはアムステルダムが、さらに一八世紀・一九世紀には同じくヨーロッパの北西に位置するロンドンが、それぞれ国際金融と商業の中心として栄えました。なかでも島国であるイギリスは大陸からほどよい距離があるので、平時には大陸諸国と親しくできる一方で、戦時には巻き込まれにくいという利点もあって発展したといわれています。

また、近代でのオランダやイギリスのように経済的に栄えた国は、その莫大な富や自由などに魅せられて他国から多くの人が集まり、文化や学術に関しても優れた成果を生み出します。現代ではアメリカがこの立場にあるといえるでしょう。彼らは経済が豊かになったために、文化や学術という人間の直接の生存には関係ない分野にも力を入れられるようになったといえます。

三角貿易と植民地経営

次に近世のアメリカ大陸に目を移してみましょう。一六世紀のアメリカ大陸ではおもにスペインの支配の下、先住民が酷使され、さらに西欧からの疫病によって人口は大きく減ってしまいました。そこで西欧諸国は労働力を補うべく、一九世紀半ば頃まで西欧とアフリカ大陸とアメリカ大陸との間で**奴隷貿易**を行うようになりました。

奴隷貿易の代表的なパターンだった三角貿易は、イギリスで綿布を積んだ船が西アフリカの海岸に行き、その積荷を黒人奴隷と換えてからアメリカ大陸に運んで競売にかけ、その売り上げを綿花や粗糖に換えて西欧に持ち帰るというものでした。とくにイギリスは三角貿易によって巨額の利潤を得ました。ちなみに奴隷貿易では、現地の黒人が黒人奴隷を白人に売り渡すというパターンも多くあったようです。

一六世紀末、かつて大航海時代を引っ張っていたポルトガルは、海外での勢力維持に財政や人員が追いつかなくなり、さらに疫病が流行ったために衰退したといわれています。同じ頃、スペインも制海権を失い、さらに新大陸から奪った財が浪費されただけで産業が育たず、やがて銀の流入量も大きく減ったために衰退していきました。

他方、一六〇〇年頃には英蘭仏の三か国がそれぞれ**東インド会社**という国際的な特許会社（=国王の許可と支援で植民地経営を独占的に行う会社）を設立し、衰退しつつあったポルトガルの権益を奪いました。なかでもオランダ東インド会社は独占的な貿易権だけでなく条約の締結権や戦争の遂行権まで与えられ、その利益は配当金として出資者に還元されました。東インド会社は国営の総合商社ともいえる組織で、東洋での植民地経営による利潤を組織的に追い求めたのです。

さらに英蘭仏の三か国は植民地を広げるべく北米にも打って出ましたが、オランダはイギリスとの度重なる戦争を通じて国力が少しずつ衰えていきました。これはオランダの人口の少なさや貿易の主力商品だった香辛料の需要低下も影響したと思われます。

産業革命

一八世紀半ばにはイギリスで**産業革命**が始まりました。産業革命とは、農業文明から工業文明への移行、とくに工場制手工業（＝労働者を分業と協業に基づいて働かせる工業）の確立と、工業化に伴う社会的変動を意味します。

産業革命がイギリスで他国に先駆けて起きた要因の一つとしてまず挙げられるのは、イギリスでは寒い気候が影響して毛織物業が早くから発達していたということです。しかし、一七世紀にはインド製の木綿商品が売れすぎたので、イギリスの毛織物業は経営を圧迫されました。そこでイギリス政府はインド製の木綿商品を締め出して、イギリス国内で木綿商品の製造を誘導しました。その製造には綿花が欠かせないので、綿花の生産に適した大植民地を持っていたイギリスは有利だったのです。また資本家が工場を経営し、その規模を大きくしていくには投資と資本も欠かせません。これについても略奪と植民地経営と奴隷貿易を通じて資本を大きく蓄え、国内に石炭が多くあったイギリスは有利でした。

このように国家が海外で市場を切り開き、そこで得られた資本を国内経済の活性化にいち早く結びつけられた点が、近代におけるイギリスの強さの一つとして挙げられます。現代でもイギリスに限らず、有力な企業が政府からの影響力をちらつかせながら国内経営と海外経営を結びつけて経済成長につなげることはよく見られます。

なお、産業革命は「革命」とはいうものの、イギリスでは短い期間のうちに目覚ましい変化が起きたわけではなく、技術水準や社会構造が緩やかに変わっていったと解釈するのが一般的です。このうち技術水準の変化としては、設備の機械化や鉄の本格的な増産に伴う石炭の大量消費が挙げられます。また社会構造の変化に関しては、分業・協業の定着、さらなる都市化、生産性の向上に伴う余暇の増大、食料増産と死亡率の低下による人口の増加などが挙げられます。

経済成長の弊害

西欧諸国の工業と植民地経営は、それ以降も拡大し続けました。とくに一九世紀前半には世界初といわれる恐慌が起き、また衛生環境も悪かったために伝染病が流行り、多くの犠牲者が出ました。資本家は資本家同士の競争や不況を乗り切るために、賃金の安い年少者や女性を酷使しました。そして行き場を失った労働者が犯罪に手を染めるなど、治安や労働条件の悪化も問題視されました。

それでも国家が経済成長を求めると、途上地域（アフリカ・アジア・太平洋諸島・ラテンアメリカなど）への帝国主義的な支配を強めて経済成長を維持しようとし、やがてそのことは第一次世界大戦につながりました。

帝国主義

帝国主義とは、狭義には資本主義が高度化した独占段階の対外膨張策、広義には国家が布教や通商など自国の勢力拡大を目指して他国家を搾取する行動、と定義されます。つまり、帝国主義には資本主義の膨張から発展した勢力拡大策と、古代から様々な国家でたびたび行われていた、経済とはかならずしも関わりがあるわけではない勢力拡大策の二つがあるということです。ちなみに帝国とは、複数の民族を支配し、広い領域を一元的に治める強い国家を意味します。帝国主義はそれを目指すこと、さらに広げることです。

ここで帝国主義の狭義の例について触れると、資本主義では大前提として**絶え間ない経済成長**が求められます。資本主義で経済成長が求められる理由はいくつかあるのですが、この場合は、国家が絶えず経済成長を求めて対外膨張策に出なければ、他の強国の対外膨張に飲み込まれてしまうことが挙げられます。また経済成長は、政府が国民の不満を鎮めるためにも有効だといわれています。

とくに一九世紀前半におけるイギリスの国力は他の西洋諸国を圧倒していました。さらに一九世紀半ばのイギリスは重商主義にこだわらず自由主義的な海外進出と貿易を進めるなど、他の主権国家を引き離す対外膨張策を進めつつありました。

他方、この間、イギリス以外の列強でもイギリスの国力に飲み込まれてしまわないような体制と政策が探られつつありました。それらに共通した方向性が、強引な対外膨張策である帝国主義です。これは具体的には、資源を収奪すること、安い労働力を利用すること、余剰人口を占領地に植民すること、本国で生産した製品を売りさばくこと、有り余った資本を投機することなど、おもに経済的な勢力拡大のために国家が途上地域を搾取することです。さらに帝国主義国家は植民地で他の列強に対抗すべく軍事力を動員し、同化政策を実施しました。

帝国主義を支えた鉄道と金融

また帝国主義下では、鉄道や電力といったインフラへの莫大な初期投資を支えるためにも金融業は欠かせません。

当時、インフラのなかでも重要と見なされたのがイギリスの輸出産業でもあった鉄道です。鉄道は帝国主義本国でも植民地でも輸送力を大きく高めるからです。鉄道の導入に伴う変化は大きく、鉄道建設に伴う需要の高まりが土木建築業や鉄鋼業を活性化させました。また、商用鉄道の運行が人々の移動を容易にし、都市化を促しました。さらに鉄道の運行や工場の操業には関係者が時間を正確に知る必要があるので、一九世紀にはイギリス中心の子午線と標準時が先進国に取り入れられ、時計は人々に時間に対する規律意識をもたらしました。

一九世紀後半には第二次産業革命と呼ばれる技術革新が始まり、初期整備に莫大な費用がかかる電信や電力、重化学工業が国家規模で整えられていきました。一連の商機に乗じて政治とも結びつきを深めたロスチャイルド家やロックフェラー家、モルガン家、日本の旧財閥など、現代でもお馴染みの大富豪が台頭しました。

帝国主義国家の増大

一九世紀半ばの時点で植民地支配を強めつつあったのは、それ以前から海外に勢力基盤を持っていたイギリスとフランスとオランダです。とくにイギリス帝国は圧倒的な金融機能と工業と海運業と海軍を持ち、さらに自国に有利な条約を日本やタイ、ブラジル、トルコなどと結びました。

一九世紀後半には英仏に遅れてアメリカ、ドイツ、日本、ロシア、イタリアなども旧体制を刷新し、各国は政治制度やインフラを整えていきました。一八七〇年代には欧米で深刻な不況が起き、他の列強に追い上げられつつあったイギリスは新たな市場を求めて、帝国主義的な植民地支配を強めました。一八八〇年代のベルリン会議では、アフリカ大陸の分割に関するルールが列強国だけで定められ、アフリカの植民地化が目まぐるしく進むなど、帝国主義国同士の競争が激しくなっていきました。

一九世紀末には、世界の土地が残り少なくなったため、後発の列強はすでに列強の勢力範囲となった土地・利権に対して再分割を求めました。さらに日清戦争で日本が清国に勝つと、清国も列強によって本格的に勢力範囲が分割されるようになりました。

一方、この頃のドイツとアメリカでは、独占資本を後押しする動きが見られました。金融面でも圧倒的優位にあった独占資本は国策との結びつきを深め、技術革新を先導し、零細資本の経営を圧迫しました。とくに後発国ドイツでは、皇帝中心の政権下で高等教育の拡充と世界政策と呼ばれる強力な帝国主義政策が推し進められました。

それまで高い地位を築いていたイギリスは、ドイツやアメリカの台頭によって工業面で劣勢になりつつありました。その原因としては、蒸気機関に代わる技術革新が遅れたこと、大量生産に対応できる巨大資本が乏しかったこと、高等教育と技術開発の間での連携が遅れていたことが挙げられます。

そこでイギリスはドイツの躍進を警戒して長年の敵対国だったフランスと協商を結びました。また、以前警戒していたロシアが日露戦争で負けると、イギリスはロシアも引き入れて三国協商を築き、ドイツを中心とする三国同盟に対抗しました。その動きと並んで、汎ゲルマン主義（＝ゲルマン民族の統合とその勢力を拡大する思想）を主張していたドイツ・オーストリアは、民族の独立を目指す住民が多いバルカン半島方面へと勢力拡大を企てました。

そうしてドイツを中心として国力増強競争が行われていたなか、サラエボ事件を契機として起きた戦争が**第一次世界大戦**です。

サラエボ事件によってオーストリアとセルビアの間に亀裂が生じ、ロシアがセルビアへの支援をはっきりさせると、オーストリアを支援していたドイツがロシアとフランスに宣戦布告しました。そこへドイツと敵対していたイギリスがドイツの侵略行為を問題視して参戦したことで、戦争の規模は複雑な利害関係によって大きくなってしまったのです。

国際連盟の創設

第一次世界大戦の開戦時においては、当事国の国民は短期で決着がつくと考えていたため、開戦を歓迎していました。しかし、第一次世界大戦の後半では毒ガスや戦車、飛行船などの近代兵器が使われ始め、あらゆる資源と国民意識を動員する**総力戦**体制がとられるようになりました。このように第一次世界大戦は予想以上の消耗戦として長引いたため、それまでの戦争とは比較にならないほどの犠牲者数を出してしまいました。

こうした反省から第一次世界大戦後、恒久の世界平和と国際協力を目的として**国際連盟**が創設されました。国際連盟は国家間の調整を行う史上初の国際組織としては画期的でしたが、アメリカとソ連が加盟せず（ソ連は一九三〇年代に加盟）、その後の紛争解決を適切に指導できませんでした。

アメリカの躍進

第一次世界大戦後の講和では敗戦国のドイツが大きな負担を背負いました。戦勝国であるイタリアの経済も混乱に見舞われ、イギリスの金融支配は弱まり、フランスは資産を大きく失ってしまうなど、ヨーロッパ経済は滞りました。

一方、アメリカは国土が大戦の戦場にならず、連合国への借款の供与が功を奏して債権国となりました。さらにアメリカはヨーロッパ経済の停滞を受けて多くの需要を集め、自動車産業を中心とした大きな経済成長と都市化を遂げました。それまで西欧中心だった世界の軸が一九二〇年代にはアメリカに移っていったのです。アメリカでは都市化が進むとともに中産階級が台頭し、彼らは大衆向け大量生産品の主たる生産者と消費者になりました。

やがて、ヨーロッパ経済が回復していくとアメリカの消費財市場の勢いは衰えたものの、なおもアメリカの株式市場は活況を呈していました。一九二〇年代のアメリカ社会は黄金時代と呼ばれるほど栄えていましたが、株式市場の実態はバブルだったのです。

一九二九年一〇月、ニューヨーク証券取引所の株価が大暴落しました（＝**世界恐慌**）。この恐慌は株価の大暴落に始まって、物価の全般的な下落や工業生産の低下、貿易の縮小としても表れ、世界中に飛び火しました。

世界恐慌

一九三〇年後半からは、とくにアメリカやドイツなどで取り付け騒ぎと銀行の破綻が相次ぎました。[※6] 一九二九年に起きた株価の大暴落は、人々の投資心理の変化が一因だったとしても、その影響が長期にわたったことについては金融制度の不備が主因だといわれています。株価の大暴落は投資家に大きな損失をもたらし、人々の消費意欲と投資意欲を大きく下げたと考えられますが、その背景には制度の不備と失政があったのです。

つまり、具体的には**金本位制**の短所と、ＦＲＢ（連邦準備制度理事会）による裁量的な金融引き締めと、金融不安が各地に連鎖したためと考えられています。金本位制とは、一国の貨幣価値が一定量の金に裏づけられる制度です。金本位制では一定量の金と紙幣との交換が保証され、金融当局は保有する金の量に応じた量の貨幣しか発行できません。金本位制では通貨供給量が金の保有量に拘束されるため、金融当局が通貨供給量を柔軟に調節することが難しいのです。つまり、一九三〇年代の大恐慌においては金融当局が金本位制にこだわらず市場に資金を柔軟に供給できていれば、損害を和らげることができたということです。

金本位制には以上のような短所があったため各国でつぎつぎと停止され、**管理通貨制度**へと移行しました。管理通貨制度とは、当局が通貨発行量を裁量的に調節する制度です。管理

※6　市中銀行は、受け入れた預金の大部分を顧客に貸すため、手元には預金の一部しか残っていません。それゆえ預金者が預金の引き出しに殺到すると、経営は危機的な状況に追い込まれます。これが「取り付け騒ぎ」です。

通貨制度において流通する通貨は、正貨（＝金貨や銀貨）との交換が保証されていない不換紙幣です。この管理通貨制度の導入によって金の保有量に縛られない経済運営ができるようになったわけです。

しかし、紙幣の発行機能を担う機関には、紙幣の増発を求める圧力がかかりやすいものです。歴史的にも当局が紙幣を発行しすぎたために、激しいインフレが起きたことがありました。そこで金融と物価の安定を維持するために、中央銀行には政府からの独立性が与えられています。

ニューディール政策

世界恐慌が拡大したもう一つの要因として、各国での緊縮財政も挙げられます。これは恐慌によって歳入が大きく減少したことを理由に、政府はそれに合わせて公務員の待遇や福祉予算を削るなどして歳出の縮小に努め、景気の回復を待つというものです。しかし、これでは景気は回復せず、いっそう国民は苦しみました。

そこでアメリカでは、広範な公共事業や全国産業復興法、ワグナー法（＝労働者の権利を保護する法律）などをおもな内容とするニューディール政策が行われました。

一連の政策は道路や公共施設など、のちの経済成長の土台を築くものでしたが、負の側面もありました。一九三〇年代後半にはワグナー法の影響で実質賃金が上がったからです。実質賃金の上昇は企業にとっては支出が増えることを意味するため、結果的にワグナー法は労働需要量（＝雇用量）を抑制してしまったといわれています。

ブロック経済

また、世界恐慌への対策として**ブロック経済**という体制がとられたこともありました。ブロック経済とは、本国（列強）を中心とする経済圏が、他の経済圏に対して排他的な姿勢をとることです。域内では本国はたがいの関係を強める一方で、域外に対しては高い関税を課して域外の商品を締め出します。一九三〇年代、イギリスやフランスがとったブロック経済は、とくにフランスでは効果はなく、日本やドイツが行った軍拡と積極財政の方が景気回復策としては有効だったといわれています。

一九二〇年代、国際社会は第一次世界大戦の反省から協調主義と軍縮に傾いていました。しかし、一九三〇年代には英米が日独の強引な対外膨張を警戒したことから、緊張感が高まっていきました。

ナチス勢力の拡大

一九三〇年代、ドイツは世界恐慌によって再び深刻な不況に陥りました。そこへ勢力を拡大してきたのがナチス（＝国家社会主義ドイツ労働者党）および、その指導者であるヒトラーです。当初、演説力と扇動力に長けるヒトラーは不安定な時代に生きる人々の支持を集めつつありました。

一九三三年から三四年にかけて、まだ支持率が十分でなかったヒトラーは反対派を暴圧するとともに、それまで支持率の高かったヒンデンブルク大統領の政治基盤を受け継いで独裁体制を築きました。さらに、ヒトラーは失業者対策や公共事業の推進など労働者寄りの経済政策を手厚く実施しました。国内経済が回復するとともにナチスへの支持は確たるものとなり、やがてヒトラーは再軍備を宣言してヴェルサイユ条約を本格的に破棄する軍事行動に出ました。

一九三八年、英仏独伊の首脳が参加したミュンヘン会談では、ヒトラーが「これが最後の領土要求だ」と約束し、ドイツにはズデーテン地方の割譲が認められました。しかし、ヒトラーはその約束をすぐに破って、チェコスロヴァキアを解体しました。ミュンヘン会談は宥和政策の失敗を象徴する出来事とされます。

一九三九年九月、ドイツがポーランドに侵攻すると、宥和政策に限界を認めたイギリスとフランスはドイツに宣戦布告して第二次世界大戦が勃発しました。

扇動される国民と二つの大戦

第二次世界大戦の規模は第一次世界大戦よりも遥かに大きいものでしたが、第二次世界大戦は第一次世界大戦の流れを汲み、その第一次世界大戦は覇権国が西欧からアメリカに移る契機になったため、近代史の転換点は第一次世界大戦にあったといえます。

また第一次世界大戦は、近代の西欧人が信じてきた理性と**進歩主義**に大きな疑念を生じさせたことも見過ごせません。時を経るほど科学や経済は進歩し、それは人々に幸せをもたらすと信じられていましたが、そうはいかなかったのです。

強力な兵器が使われた割に両大戦が長引いた背景には**メディアの発達**がありました。一部のメディアが開戦を煽ったため、国民は戦果を大きく期待したのです。戦争が長引いた理由はそれだけに止まらず、そもそも人間は、ひとたび始まった戦争をすぐに切り上げられるほどの理性を持っておらず、感情や空気に左右されやすい生き物であるからだともいえます。

また両大戦後、戦時中の国家は国民の動員や戦況の発表に関して国民を欺いたこともあったため、国家への不信感も高まりました。それは労働運動やマルクス経済学の高まりと相まって「大戦の遂行主体となった資本主義国家を徹底的に変えた方が人類は幸せになれる」と見なす社会主義も一部で盛んになりました。

社会主義国VS資本主義国

第二次世界大戦後、東側諸国（＝ソ連や東欧などの社会主義国家）では公職者ばかりが私腹を肥やす一方で、国民には圧政に抗う自由も生活に必要な物資もまともに与えられておらず、かなりの人々が政府機関に殺されるか飢え死にしていました。

西側諸国（＝アメリカやイギリスなどの資本主義国家）はその状況を見て社会主義革命が西側にも及ぶことを強く警戒していました。西側諸国でも社会主義革命が起きれば、資本主義体制下の政治家や資本家は殺されてしまうからです。

西側諸国が革命を防ぐにはどうすればよいのか。西側諸国が出した答えの一つは社会保障や労働条件を改善することでした。国家が労働者の機嫌を取れば、労働者は革命を起こさないと考えられたのです。ただし、先進国での社会保障の拡充は、世界恐慌の克服と戦時体制（＝統制経済）の延長線上の政策、マルクス経済学とケインズ経済学の影響、そして人権意識の高まりによるパターナリズム（＝父親的温情主義）的な政策との見方もあります。

一連の政策は社会主義革命の発生を抑えるという点では効果がありましたが、一方で政府が財政支出を拡大したために財政状態が悪くなり、国民の政府への依存度が高まったといわれています。なかでも一九世紀の覇権国家イギリスは二度の大戦を通じて国力が弱まり、さらに第二次世界大戦後には社会福祉と産業の国有化を手厚く実施したため、労働者の勤労意欲は失われ、英国病と呼ばれるほど経済が滞りました。

スタグフレーション

一九七〇年代には先進国で**スタグフレーション**という現象が問題視されました。スタグフレーションとは、経済の停滞を意味するスタグネーションと、継続的な物価上昇を意味するインフレーションの合成語です。一般に物価は好況期に上がり不況期に下がります。それにもかかわらず、景気の停滞期に物価が上がったのです。

様々な原因がいわれていますが、主たる原因は原材料の供給に難がある中で財政支出を大きくしたことと、賃金コストの上昇にあったといわれています。たとえば、産油国で戦争が起きれば、原油価格が上がります。そのような時期に政府が景気対策として財政支出を大きくし、さらに労働組合の圧力によって賃金が上がると、賃金と原材料価格の上昇が販売価格の引き上げへ転嫁されやすくなるのです。

その解決策の一つにリストラクチャリング（＝再構築）があります。リストラの内容は人員削減だけに止まらず、事業の縮小・撤退や企業の売却なども挙げられます。企業が無駄を減らして生産性を上げれば、原材料価格が少し上がっても、その費用を物価へと転嫁しなくても済むわけです。また政府としても、企業を手厚く保護するのではなく企業が正常に価格競争できるように仕向ければ、物価のインフレ基調はいくらか抑えられます。

西側・資本主義の勝利

このように価格は一国の経済運営にとって、きわめて重要な要素です。後で詳しく述べますが、一般に社会主義国では価格は政府が統制し、資本主義国では価格は市場経済を通して調整されます。

しかし、政治経済の自浄作用が決定的に欠けていた社会主義国は、一九九〇年頃に相次いで崩壊したため、一般に冷戦は西側・資本主義の勝利と見なされます。一方、資本主義国における「価格」も恐慌やスタグフレーションの影響で安定感を欠くように、資本主義も万全とはいえません。

4 経済発展の構造

経済発展と自由

近代の「自由」は資本主義を生み落とした要因の一つですが、大きく分けて二つの流れがあります。まず一つは「**国家からの自由**」という言葉で示されるように、個人が他者からの干渉を避ける自由です。人々が最初に思い浮かべる自由といったら、まずこちらであり、辞書や専門書においても最初に定義されている古典的な自由です。

もう一つは、中近世の農奴が待遇向上を求めて反乱を起こしたり、フランス革命期のパリ市民が王政に食料を求めたように、自らの要求を他者に実現してもらう自由です。もっとも、反乱や革命の参加者の中には自発的に加わったのではなく村八分や身内からの報復を恐れて、意に反して参加した人もいたようなので、こちらのタイプの自由は他者の自由を奪ってしまうこともあります。またフランス革命ではいずれの自由も追求されていたように、他者や時代の自由観を正確に判断することは難しいものです。

しかし、経済発展と自由の高まりにつながりを見出すことは難しくありません。それは**古典派経済学**（自由主義的な性質が強い）と呼ばれる初期の経済学が生まれたのが一八世紀だったことにも示されています。経済学は経済成長と自由がいっそう高まりつつあった産業革命期に入ってから大きく発展しました。これは、前近代の社会構造が近代の構造へと移り変わる過程をたどっていくことで見えてきます。

前近代で経済学が発達しなかった理由

前近代、とくにヨーロッパで奴隷制が広く敷かれていた古代では、支配者の所有物である奴隷ばかりが働き、有閑階級は政治や娯楽に明け暮れていました。奴隷は政治に関われず、生産物は有閑階級が余裕ある生活を営むために捧げられていました。労働は有閑階級にしてみれば賤しい行為に映ったと考えられます。

封建制がとられていた中世西欧においても、農奴に職業選択の自由は与えられておらず、職業の世襲が当たり前と見なされていました。そのため、一部の人間が奴隷を売買することはあっても、現代のように人々が自らの労働力を自由に売買する市場はありませんでした。さらに土地も売買の対象ではなく、主君から一方的に与えられるものと見なされていました。前近代において土地や労働力は**商品**（＝売買できる物）と見なされていなかったと考えられます。

また封建制下の農奴は領主に収穫物を搾取されていたため、生産するモチベーションも上がりませんでした。このような状況では自分で消費したり領主に上納したりする分以上の物、すなわち商品が生まれません。商品が乏しければ商業も盛んにならず、労働市場（＝労働力を売買する市場）も土地取引もなきに等しいので、好不況という波が生じません。つまり、前近代で経済が発展するには何かと不都合が多く、また経済的に分析する対象に欠けるため経済学が発達しないのです。

国家の分業体系

しかし、農業生産性や農奴への扱いが改善されて、自らが消費したり領主に納める分以上の物が生まれれば、農民も余剰生産物を市で売って儲けられるようになります。彼らは自らの技術が財産に結びつくとわかれば、貨幣を求めて、いっそうの工夫をするようになります。

そうした動きと並んで商業にとって**効率的な都市**と、商工業者が共存共栄するためのギルドがあちこちに築かれ、都市民は封建的な束縛からの自由と自治を望むようになります。やがて一八世紀から一九世紀にかけて工業化が進むとともに農村から都市への人口移動が高まると、都市には多くの人間が快適に過ごせるだけのインフラが整えられていきます。とくに戦争が日常的だった西欧では、工業化は国全体で進むのではなく城壁の内側で進み、そこでは効率化（＝労働力の集約と機械化）が進みます。

前近代のヨーロッパでは都市間の戦争も起きましたが、一九世紀頃になると複数の都市を包み込む強大な国民国家と国内各地を効率よく結ぶ交通網・通信網が出来上がり、各都市は**国家の分業体系**に組み込まれます。国家の分業体系とは、たとえばA市は州都、B市は港湾工業都市、C市は観光都市、D市は学術都市といった、それぞれの個性と役割を活かすことです。これによって軍事的な争いはほとんどなくなります。これは近現代では、封建時代のように軍事的に争うよりも、地域の強みを活かして国家全体の利益につなげる方が有効だと見なされたということでもあります。それは国内の武力闘争を減らしていく一方で、対外的な軍事力と戦争の規模を大きくすることにもなりました。

自由主義的な経済発展の流れ

そうして中近世の都市部で成長しつつあった一部の商工業者は、国家に国外の市場を切り開いてもらうことを求めます。それは大航海時代以降の流れと相まって、資源や市場をめぐる国家間の植民地獲得戦争へと発展します。

絶対王政期（＝経済的にはほぼ重商主義時代）の有力な商工業者は当初、王権を支持しますが、やがて中産的な商工業者は公権力から自由になることや財産権を求めます。なぜなら生産者はより大きく儲けるために自由や権利を主張し、富者は自らの財産を強固に（＝法的に）守ろうとするからです。ちなみに、これは個人主義的な傾向が強い**近代法の源流**となります。いうなれば、経済成長は法の発達を促しており、利己的な経済活動や個人主義が好まれない社会では近代法が発達しにくいのです。

これに対し、市民革命を経て財産権や経済活動の自由などが認められている国家では、君主や封建貴族の力は弱まっており、生産者は自由に活動できます。中世で根強い利子の制限やギルドも、こうした自由主義的な改革の中で廃れていきます。むろん、市場への出入りが自由になったり、移民が入ってくるほど競争は激しくなります。

また、かつて主君に属していた土地についても近代化に伴って使い方の様相は変わっていきます。まず都市部では人々が貴重な土地を効率的に使うべく、一部の人は土地を住宅地として貸し出すようになります。つまり、土地は私有財産として扱われるようになり、いつのまにか商品になったのです。これは裏を返せば、土地が貴重ではない国では人々は土地を効率的に使おうとする姿勢に欠け、生産性も悪いままで、私有財産制を整えなかったということです。

他方、農地の地主も、新しい農業技術や新大陸からもたらされた作物の普及によって、土地の生産性を高めようとします。それは**農業革命**として**食料の増産**（＝飢饉の逓減）と**死亡率の低下**（＝労働力の増大）を実現します。同じ頃、地方で名を上げた富農は手工業にも手を出したり、政界にも進出して地元にいっそう強い影響力を及ぼすようになります。

さらに農業を諦めた一部の人々は、他の産業へ向かい、「労働者」として根を下ろすようになります。労働者とは自らの労働力を資本家に買ってもらう人を意味しますから、それまで商品化されていなかった労働力は、いつのまにか商品化されたことになります。つまり、農村部の農業と手工業でも、都市部の工業でも、資本家は労働者を雇って儲けるようになったのです。

こうして市民革命や農業革命に伴って政治や食料の供給が安定すれば、人々の心持ちも上向き投資も盛んになります。また経済と経済的権利が発達するとともに、人間の生存にはあまり関係のない財（＝**嗜好品**や**娯楽**）の消費も中産階級を含めて大きくなり、人々の所得も総じて上がっていきます。

経済発展の条件

このように市民革命期での権利の確立や、近代での争乱回数の減少に見られるように、国家が公正な法を示し、それを皆で守り、国内では平和を実現することで経済成長は軌道に乗ります。つまり、国王や各諸侯（各自治体）、そして各教徒がバラバラに暴れ回るのではなく、各自治体を包み込む主権国家の枠内で、各人が公正で統一的な法に従うことで秩序が生まれ（＝「法の支配」）、経済成長が実現するのです。「法の支配」は法制面においてのみ重要なのではなく、平和や安心感という形で経済成長の礎にもなるわけです。治安が悪い国や一党独裁国家は経済成長しないとは限りませんが、国内がそれなりに平和でないと、国民は経済活動に集中できないことも現代の途上国や歴史が示しています。

また一九世紀には、軍事と効率的な資源輸送のためのインフラ需要がいっそう大きくなります。軍事力の増強・戦費調達や大規模なインフラ整備には強い財政と公債が欠かせないので、国内では平和を保ちつつ対外的な軍事に積極的な国では、金融機関や財閥も発達します。

近代経済学の発達

一九世紀後半、経済が大きく発達しつつある欧米諸国の研究者は、経済の法則性を論理的に解き明かしたいと考えるようになります。なかでも価格や効用に関するメカニズムは**数理**で表すことができ、当時は科学隆盛の時代だったので、経済は個人単位から分析され、経済学には数理がつぎつぎに取り入れられていきます。※7 これ以降の経済学は日本では近代経済学と呼ばれます。

やがて経済学者は環境問題や交通問題も経済学的に解決しようとするなど、様々な切り口から問題意識を持った経済学（環境経済学や交通経済学など）が派生的に発達していきます。

経済学の源流は古代ギリシャの**家政術**（＝家・家計におけるやりくりの方法）にあるといわれていますが、経済学が大きく発達したのは明らかに近代なので、経済学そのものは近代の産物だといえます。経済学は近代科学と自由主義の色彩が強まっていた欧米（とくに近現代の覇権国である英米）で発展してきたのです。

経済学は国力の増強や国民の効用増大にとって有益な分析ができるため、政府や大学も積極的に導入してきた経緯があります。その欧米産の経済学が他地域に広まれば、その思想を背景に欧米諸国が大きな力を持ちます。

「法の支配」と経済

一方、現代の中東やアフリカに多く見られる破綻国家は、宗教・労働倫理や気候の問題、さらに以前からの植民地構造とモノカルチャー経済がその原因となっていますが、「法

※7　経済学に数理が大きく取り入れられたことを限界革命と呼びます。なお、経済学にいう「限界：marginal」とは、追加的一単位を意味します。この概念を使った法則の代表格に「限界効用逓減の法則」が挙げられます。これは、商品の効用（たとえばビールの効用）は一単位目が大きく、二単位目、三単位目と回数を重ねるにつれて効用は下がるというものです。

の支配」が整っていないことも経済の未発達要因の一つと見られます。つまり、国内の法や権利が整っていなかったり、公人が汚職まみれだったり、私人も法をまるで守らなかったり、内乱が多発していたりすると（＝暴力が独占されていない）、経済がスムーズに成長しないということです。たとえば、先進国の企業が外国に進出する場合でも、「法の支配」が整っている国と、そうではない国のどちらかを選ぶとすれば、前者が選ばれるでしょう。

地域による経済発展の違い

しかし、経済が発展した後でも職人の働き方には封建的な性質が残っていたりするなど、経済の自由化は一直線に進むわけではありません。日本についても、経済発展

図10　近代西欧の経済発展を成した要素

外部の脅威に抗う要素
近隣国への対抗
小氷期に伴っての海外進出

欲望に基づく要素
海外の搾取
野心的な移民

インフラに基づく要素
戦争・工業化を支える金融と都市
株式会社

技術的な要素
交通と通信の発達
農業革命と人口の増大

法的な要素
法の支配
資本家と労働者という契約関係

宗教的な要素
キリスト教流の労働倫理
キリスト教を介した結束

経済変動的な要素
価格革命
囲い込み

の過程は西欧諸国の経済発展と似ているところがあり、また企業人の働き方には封建的な性質が残っている面もあります。他方、国土から原油が豊富に採れる現代の中東では、法が先進国ほど近代化していなくても経済は成り立っています。つまり、経済発展には実に様々な要素が関わっているので、例外があったり、国や地域によっては異なったりするのです。

なお、経済学の発展軸である英米も、金融と軍事力に力を入れる点は以前から共通していますが、恵まれた国土に様々な民族が混じり合ってきたアメリカでは市場での競争が重んじられ、より自由な形で経済と経済学が発達しました。商品についても、イギリスでは**貴族文化**を軸に発展してきましたが、王政と貴族政の伝統がないアメリカでは**大衆文化**を軸に発展してきました。二〇世紀にアメリカの商品と企業が世界中に広まったのも、一九二〇年代にアメリカでは他国に先駆けて大衆社会が到来し、それに応じた商品を大量に供給できたからです。

アメリカは西欧から多くの移民を受け入れ、イギリスと同じく判例法重視の体系を取り入れましたが、移民の精神は野心的であり、政治制度や民族構成はイギリスとは異なります。経済および経済学もその地域に合わせて進化するので、イギリスとは異なる経済体系が出来上がったのです。

開発独裁

しかし、「法の支配」は経済成長にとって重要とはいっても、経済発展の初期段階においては**開発独裁**の方が効率的だと考える人もいます。開発独裁とは、政府が非民主的な政治運営によって国内を開発することです。開発独裁は単なる独裁というよりは、何らかの目的を持った、やや計画的な独裁です。

一般に政府が工業団地を建てる場合、民主的な国では近隣の住民との対話や補償など様々な調整が欠かせませんが、独裁政権ならば素早く計画を実行できます。たとえば現代の中国は一党独裁政権なので、高速鉄道の敷設も素早く成し遂げられました。やはり国家規模でのインフラの建設に際しては、大きな資金と土地収用と労働者が欠かせないので、限られた資金と多くの国民を速やかに動員できる強い政府が有利だといえます。

ただし、こうした強引な経済発展の裏では、弱者の強制労働や反対派の弾圧、手抜き工事などが行われ、そして特定企業が過度に優遇されることもあったため、手放しで評価できない面もあります。

経済発展の人為的な促し方

それでも経済が未熟な段階で、政府が経済を素早く発展させるには、中央集権型の体制が有効でしょう。ドイツや日本、韓国といった後発国は中央集権かつ政府主導で短期間にのし上がっていきました。こちらは開発独裁や計画経済に近い体制といえます。実際、戦後の経済成長に大きく貢献した日本の岸信介、台湾の蔣経国、韓国の朴正熙などは社会主義的な思想を持っていた人物としても知られています。戦前のドイツを率いたヒトラーについても、マルクスが述べた国際的な社会主義（＝万国の労働者が団結する社会）とは異なる、排他的な社会主義（＝「アーリア人」労働者が優越する国家）を目指したといわれています。

後発国の政府は経済を発展させるためにまず大衆からもわかりやすく支持を集めやすいスローガンや挙国一致的な政策目標を掲げます。たとえば「富国強兵」「○○国に追いつけ」「○○計画」といったものです。次に政府と政府系企業は、インフラ・公教育という市場原理が及びにくい分野と、高い経済成長が見込める産業（とくに後発国ゆえの安い賃金を活かせる産業）の初期振興を力強く導き、有力な民間企業は資本を蓄えます。

この段階では、官僚が強い権限を持って議会や政商と協調し、さらに裁判所は開発独裁流の横暴にはいくらか目をつぶった方が、素早く経済の土台を築くことができます。これは、基本的には外資の参入に消極的な国内重視の経済発展です。

民主化と経済成長

そうして経済の土台が出来上がると、政府は財界や外国からの要求に従って法令を市場開放する方向へ改めたり、地方に権限を委譲したり、国有企業を民営化したりすることで、さらなる経済成長につなげます。たとえば、近代日本では「欧米に追いつけ」という目標が暗黙の内にありましたが、それが廃れるほどに経済と価値観が発達した段階に達すると、政府は民業をきめ細かく指導したり圧迫したりするよりも、各企業の自由に任せるようになります。日本の国有鉄道の民営化はその典型で、経済が未発達の段階では国営が有利ですが、自動車や航空機と競う時代に鉄道会社が収益と利用客の効用を上げるためには民営の方が有利でしょう。

ただし、史実について誤解のないように述べると、日本政府は世界恐慌前までは自由放任的でしたが、世界恐慌期から戦後の高度経済成長期にかけて企業と協調して経済への介入を強め、一九八〇年代から一部で規制を緩和しました。とくに戦後復興期の介入では、労働三法や独占禁止法の整備、財閥解体など経済の民主化が行われました。明治時代に政府から優遇されたことで著しく成長した財閥や、一方で戦前において十分ではなかった労働者の権利・環境は変わったのです。

以上のような動きからわかることは、民主的な国家が経済成長を遂げられるというよりは、経済成長の結果として国家は民主的な体制をとれるということです。たとえば、イギリスやアメリカは現代では民主的な国家として知られていますが、それは二〇世紀までに著しい経済成長を遂げて、民意を広く汲み取れるだけの財源が確保できたからこそ、ともいえます。

さらに、それまでの国内重視の体制から企業が海外へ進出するのであれば、蓄えてきた資本は役立ちます。世界的には一九七一年のニクソンショックを機に資本移動の自由化が始まり、**冷戦終結**によって東西の壁が取り払われたためにグローバル化が加速しました。かつての大航海時代や帝国主義もグローバル化といえる動きでしたが、冷戦期では東西の壁があったためにグローバル化は停滞気味だったのです。

グローバル化と経済競争

また、この段階の場合、政府は国内発祥の企業に国内に本社機能と研究開発拠点を置かせつつ海外に進出させる一方で、海外の有力な企業を誘致します。現代のグローバル化では先進国だけでなく新興国も力をつけ、**租税競争**（＝国・地域が有力な経済主体や投資を呼ぶために税率を競うこと）や価格競争が激しくなっています。さらに、外国に市場開放を求める国も先進国に限らず、途上国が自国の労働者や農産物の受け入れを先進国に迫るケースも見られます。

このように現代では経済競争が世界的に激しくなっています。とくにその中心にいるグローバル企業は、資本も労働者も生産拠点も収益も多国籍化しているので利害が入り組んでいます。実際、各国の上場企業は、その大株主が外資系企業であることも珍しくなく、なかでもグローバル企業は人種や国籍に関係なく秀でた人材を集めます。最近では一国の雇用は国内発祥の企業だけでなく、外資系企業に支えられているともいえるのです。

5 近代経済の所産

貨幣・金融と信用

貨幣が発明されて以降、その使用頻度は時代を経るにつれて上昇していきました。

貨幣は商品の価値尺度をわかりやすく示し、交換手段として用いることができます。物々交換の場合は自らが欲している物と相手の欲している物が合わないと交換できませんが、何にでも交換できる共通の媒介物（＝貨幣）があれば、たがいの欲求を合わせなくても貨幣で交換することができます。

また貨幣は**貯蔵機能**を有し、経済活動を広く活発化させます。貨幣の貯蔵機能とは、貨幣は食べ物のようなものと違って腐らないため、たとえば自らがつくった食料を売って食料の価値を貨幣に換えておけば、価値を貯めておけるということです。人々がこの機能を活かせば、より安定した生活設計ができます。

その媒介物（＝貨幣）には古くは塩や布が用いられていましたが、やがて材質に金銀銅や鉄が用いられるようになりました。しかし、貨幣がすり減って価値が減耗したり、金銀の採掘量が需要に追いつかなくなってくると、国家経済は金銀を含まない貨幣を中心に据えるようになりました。

ここで貨幣の重要な本質を述べるとすると、貨幣は「**共同幻想に基づく**」ということです。貨幣は政府・中央銀行が価値を保証し、皆がそれを共同で信じ込んでいるからこそ価値があり、貨幣の材料である金属や紙としての物理的な価値などわずかなものです。したがって、国家への**信用**が失われ、それに伴って貨幣への信用も崩れれば紙幣は紙くずと化します。

ちなみに消費者や生産者が資金を市中銀行から借り入れるにしても、社会的な信用が必要であり、市中銀行も預金を大量に集めるには顧客からの信用が不可欠です。これは、銀行は信用の低い人にお金を貸さなかったり、預金者は破綻しそうな銀行を避けるなど、金融では信用がものをいうということです。

貨幣は国家経済の要であり、貨幣発行は政府・中央銀行の独占領域です。現代のどの国でも通貨偽造が重罪と見なされるのは、それが貨幣と金融への信用を大きく損なうからです。

「株式会社」の原点と事業の永続性

このように貨幣は経済の中心にありますが、他にも経済活動を活発にする役割を持ったものがあります。その代表的なものの一つに株取引が挙げられます。

この株取引は、現代でこそ資産運用の手段として定着していますが、世界で初めて**株式会**

社が生まれた近世では、事業の合理化と出資者のリスクを減らすことに重きが置かれていました。というのも、株式会社の元祖といえる「オランダ東インド会社」は、スペインとポルトガルに対抗するために、乱立していたオランダの事業者を政府がまとめた結果生まれたものだったからです。

オランダ東インド会社は**有限責任**（＝責任は出資額の範囲に止まる）の共同出資によって成り立っていました。このことによって出資者のリスクを分散させることができたので、事業者は王侯貴族ばかりに頼ることなく広く資金を集められるようになったのです。

西欧以外の初期の資本主義社会でも、株主はその企業の社長（株主＝経営者）や特権階級などごく少数に限られますが、その後の国民所得の向上や、株主をより広範囲から集めるための上場制度によって株主は大衆化します。大衆化した株主は株式会社の共同所有者ではありますが、多数の素人が経営に携わるのは非効率なので、経営は社長・取締役を中心とした専門経営者に任されるようになります。これを「**所有と経営の分離**」といいます。

また、それまでの西欧の事業者は一回の航海ごとに事業を清算していたのですが、東インド会社は継続的な経営と事業の配当を行うようになりました。これは現代では**ゴーイングコンサーン**という大原則として受け継がれています。ゴーイングコンサーンとは、事業は永続するという前提の下に企業が事業や会計処理を行うことです。

ただし、企業が事業を永続させるためには、ルールを守り責任を負うだけでなく、消費者や投資家の信頼を集めながら利益を上げ続けなければなりません。消費者は企業に優れた商品を求め、投資家は企業に高いリターンを求めます。税収をもとに活動する公的機関も、法整備や経済政策によって企業活動を後押しします。つまり、消費者・投資家・企業・公的機関の欲求やルールに基づく行動は経済成長につながるわけです。

経済発展と差別の減少

さらに重要なのは、近代の経済発展は差別を減少させていったということです。実際、前近代でユダヤ人や黒人、そして諸国で賤民と見なされた人々はひどく差別されていましたが、二一世紀のアメリカではアフリカ系の大統領が生まれ、さらにユダヤ人の才知が世界的に認められているように差別は和らいできています。

とくに歴史的に差別されてきた人たちは、その屈辱をバネにして修練を積み、学界やスポーツ界、芸能界、さらに財界など実力主義的な業界で地位を向上させようとする傾向があります。つまり、現代人は生来の属性が固定されたまま生きるのではなく、その属性を乗り越えることができるようになったといえます。

自由と豊かさがもたらす問題

このように近代の経済発展は、人々を自由にし、豊かにしましたが、その一方で**環境破壊**

を増大させました。たとえば、西欧はかつて豊かな森林に覆われていましたが、それらの自然環境は中世以降の森林伐採や近代の産業革命に伴って破壊されていきました。

また近代が生んだ自由は、同時に社会に葛藤の種も撒き散らしました。生来の身分がものをいう封建社会では、進学や就職に関する競争は生じにくいのですが、身分的な制約が取り払われ、出世の機会が等しくなると競争が激しくなるからです。このような社会では子は親の職を世襲する必要がなくなり、人生の選択肢と自由が大きく広がったため、人々は進路や自我について悩むようになります。

さらに、現代社会のように労働組合や地域コミュニティの紐帯が弱まると、自由になるものの、むしろ強い不安感にとらわれる人もいます。人間にとって自由や競争は欲望をかき立てますが、それは悩みの種にもなるわけです。

公的年金制度の意義

このように人間の心理は複雑なので、自由や競争に関する悩みは金銭が解決してくれるとは限りません。しかしながら、それでも金銭で解消できる部分もあるので、政府は経済政策によって国民に安心を提供します。その一つが**公的年金制度**です。年金とは定期的に給付される金銭で、そのなかでも政府が給付するものを公的年金といいます。公的年金の代表格である老齢年金制度では、政府が現役世代の国民に一定額の保険料を強制的に納めさせて、それを老年期に給付していきます。

しかし、公的年金制度についてよく考えてみると、自分が納めたお金を将来の自分が使うなら、自分で資産を管理すればよいのであって、わざわざ政府が介入して年金保険料を強制的に納めさせる必要はないはずです。

それでも政府がそうさせるのは、政府は、だれもが経済状況を的確に予測しつつ資産を管理できるわけではないと見なしているからです。実際、山あり谷ありの人生の中で、だれもが資産をしっかり管理できるかといえば、それは難しいでしょう。もし、公的年金制度がない社会で収入や預貯金のない生活困難な高齢者があふれてしまったら、その社会は不安定になります。

公的年金制度は人間が近視眼的に行動することを前提としており、その欠点を補っているのです。前近代では食料や薬、医術などの乏しさゆえに人間の寿命が短く、死ぬ直前まで稼ぎがあったため、年金制度は必要なかったのかもしれません。しかし、人々の寿命が延びた近代以降、公的年金は国民が稼ぎに乏しい老齢期を安心して生きるためにも欠かせない制度だといえます。タンス預金にしても、銀行預金にしても、預金は底をついたらそれまでですが、老齢年金は死ぬまで受け取れるので長生きしても安心なのです。

このように公的年金制度は国民の幸福にとって必要なものといえますが、それが賦課方式(＝給付する年金を現役世代からの保険料で賄う方式)だと、運営方法によっては年金を先に受け取る世代ばかりが得して、将来世代の取り分が少なくなることにも注意する必要があります。なお公的年金は、保険料ではなく税で賄う運営方式もあります。

社会保障制度の原理

年金制度は運営側が加入者を多く集め、加入者に保険料を納め続けてもらうことが前提になります。しかし、消費者は掛け捨ての民間保険に加入していれば、貯金がなくても契約に当てはまる事態に陥った時点で大きな保障額を受け取れるので、年金とは違った安心感が得られます。とくに現代では公的保険の加入はほぼ強制ですが、民間保険は各自が自由に選べるという利点があります。

このような社会保障の歴史を遡ってみると、古代ローマでは不幸な形で亡くなった人に対して私的な組合が弔慰金を給付する措置がありました。また、前近代の様々な地域では隣人や宗教団体からの私的な扶助がありました。一方、現代の保険は多くの人が保険料を出し合い、それを運営側が運用し、万一の事態に陥った加入者が保険金を受け取るというものです。時代によって方法や内容は異なりますが、安心や保障は**人々の助け合い**によって成り立っています。

社会保障の正確な起源をたどることは難しいのですが、近代で初めての社会保障制度といえば、一六世紀のイギリスでの救貧政策が挙げられます。これは当初、政府が貧困者を罰したり排除したりするなど、社会保障というより治安維持のために貧困を強引に取り締まるものでした。しかし、一七世紀にはイギリスは一定の財源をもとにして、貧困者を救済したり、働かせたりするようになりました。

近世経済と近代経済の違い

先進国の社会保障制度は近代の経済成長に少し遅れる形で世界恐慌後から冷戦期にかけて本格的に整えられました。つまり、近現代で社会保障制度が整えられたということは、以前よりも経済の浮き沈みが大きくなり、それとともに**社会権**（＝国民が国家からの配慮を求める権利）の要求が大きくなったことを意味します。社会保障制度は経済の変化と関係があるのです。

一般に近世では経済の浮き沈みに周期性はさほど見られませんでした。近世では先進国でさえも**農業**が経済の柱であり、経済不況は凶作によって物価が上がり、不安が煽られたり、飢饉が起こるなどして経済活動が滞るというものだったからです。近世の不況は自然災害に左右されるところが大きく、自然災害を被った地域でのみ起きる傾向がありました。ただし、近世の西欧でも江戸時代の日本でも、財政担当者が悪貨を供給して経済を乱すというような、人為的な要素もなかったわけではありません。

一方、**工業文明期**（＝後期近代から現代）の不況の特徴は、過剰な期待や見当違いで生産された物を調整するために経済が滞ることにあります。たとえば、自動車メーカーが世界経済の回復を期待しすぎて自動車をつくりすぎたら生産数を減らす、家電メーカーが労働者を雇いすぎたら、非正規労働者を解雇したり、採用を控えたりして人員を減らす、それらは下請け企業や広告業にも悪影響を及ぼす、というような流れが資本主義・工業文明期での不況のおおよその形です。

その好況と不況の間には周期性があることが知られており（＝**景気循環**）、工業製品の輸入国の景気が落ち込むと工業製品の輸出国の景気が落ち込むように、一国の景気は他の地域を巻き込む傾向があります。それは第一次産業中心のローカルな経済から、工業中心の地球規模の経済に移ったことの表れでもあります。また近世の不況が自然発生的だったのに対して、工業文明期の不況は人為的な要因が大きいという点で対照的です。

6 大経済学者アダム・スミス（1723〜1790）

国富とは何か

工業文明の初期に現れた学者が「経済学の父」とも呼ばれるアダム・スミスです。アダム・スミスがおもに述べたのは、近代の西欧における経済事情や経済の基本的な原理についてです。まずは彼の主著『諸国民の富（国富論）』というタイトルに表された、国富について見ていきましょう。

国富とは、辞書的には国家全体の富を意味します。アダム・スミスによると、近代における国富とは労働者によって生産される消費財から成るとされ、その規模は労働者の熟練度や判断力によって決まるとされています。これとは対照的に前近代の国富とは、金銀財宝という偶発的に手に入る産物を指し、さらに重商主義下の国富とは、交易を通じて手に入る金銀や貨幣を指していました。

近代の経済において重要なのは、生産物は労働者の労力や工夫によって増やせることです。たとえば、綿花そのものに大した価値はありませんが、労働者が綿花をもとに衣服をつくり出せば当初の価値を大きく上げられます。また、金銀などの貴金属は自然によって長い年月をかけて育まれる鉱物なので、人為的にたくさんつくり出すことはできませんが、綿花や衣服などの生産物は短い時間で労働者の手によって増やせるため、金銀などとは比べ物にならないほどの生産量が見込めます。

ただし、たとえば近現代において造船業者が船の生産から利潤を得るには、マーケティングはもちろん、生産性の向上や魅力的な機能の付加など能動的な工夫が必要となります。これは、前近代や大航海時代の商業が商品に積極的な差異を加えなくても、遠隔地との価格差や物珍しさに乗じるだけで利潤をたやすく生み出せたことと対照的です。実際、近世の西欧では胡椒やチューリップの球根が珍重されていたので、現代では考えられないほどの高値がついていました。

胡椒やチューリップは現代人には大きな効用がない物に見えます。しかし、それがあまりにも珍しかった時代や地域では、そこに持ち込むだけで大きな利潤をたやすく生み出せてしまうのです。

利己心と分業

このように生産物は労働者の労力や工夫次第で増やせますから、自ずと経済は生産効率を高める方へと動きます。その最たる手段が、アダム・スミスがピンの製造工程を例に指摘した**分業**です。

ピンの製造工程は、金属を延ばす工程、それを切る工程、尖らせる工程などに分けられます。ここで、資本家は職人に一つか二つの工程に関してのみ技量を磨かせ、それぞれの工程を単純化して流れ作業とすれば、生産性を大きく上げられます。慣れていない職人が一人でそれらの工程のすべてを行ったとすると、一日に一本のピンを生み出すことさえもままなりませんが、一〇人で分業すれば、一日に一人当たり五〇〇〇本近いピンをつくり出せるとしました。工場が適切な分業体系をとることで、ピンの生産量は大きく増えるのです。

この分業は、アダム・スミスによれば利他心ではなく、**利己心**に基づいて生じたとされます。つまり、生産者は社会へ利益が広く及ぶと見込んで分業体制をとったのではなく、自らの収益を大きくするために分業を選んだにすぎないということです。

「見えざる手」

このような分業体系では、自らが生産できる物は自らの欲望のごく一部にすぎませんが、効率的に生産することで必要以上の物を生み出すことができます。そこで自らが生産した物のうち余った物を他者の物と貨幣で取引すれば、欲望を今までよりも大きく満たすことができます。そして、それが人々の間で連鎖すれば取引が著しく増大し社会は発展します。こうした動きを短く表した言葉が**「見えざる手」**です。

「見えざる手」とは『国富論』に出てくる言葉であり、その解釈は「各人が利益を利己的に求めれば、結果的に各人が見込んでいなかったほどの社会全体の繁栄と調和を導く」というものです。つまり、個々の自由な経済活動は、その個人だけを潤すのではなく、社会全体に利益をもたらすということです。

各人が利益を利己的に求めると、社会の秩序が乱れると考える人もいるでしょう。しかし、経済主体（＝企業・生産者や家計・消費者など経済活動を行う人）が邪な手段を使ってまで儲けようとすると、それは他者から共感を得られないため、市場経済では淘汰されてしまいます。たとえば現代のネットオークションでは評判のよい出品者には客がつき、評判の悪い出品者は客離れによって運営者や公権力に強いられることなく撤退に追い込まれます。つまり、市場経済では他者から共感を得られる行為ほど皆に受け入れられ、そうではない行為ほど皆から避けられるということです。楽観的に解釈すれば「見えざる手」の下では妥当な秩序が築かれるというわけです。

このように「見えざる手」という言葉には、市場経済では他者から共感を得られない悪は淘汰され、さらに社会の繁栄が果たせるのだから、人々は市場経済に従っておくことが賢いというスミスの信念が込められているといえます。

重商主義批判

繰り返しになりますが「見えざる手」はアダム・スミスの経済思想であって公理ではありません。さらにその「見えざる手」と同じくらい、あるいはそれ以上に重要なのが、彼が、近世経済の大きな思潮だった**重商主義**を批判したことです。

重商主義とは、輸入商品の購入の際に金銀・貨幣を外国に支払うことを国富（＝金銀・貨幣）の流出につながると否定的にとらえ、輸出を拡大して金銀や貨幣（国富）を獲得するのを重んじることです。重商主義者は金銀・貨幣を国富と見なし、貿易差益を重んじていたのです。重商主義は、絶対王政を支える常備軍と官僚の俸給を稼ぐためにも有用であると見なされていました。

重商主義では、輸入超過に陥ることは国富（＝金銀・貨幣）の流出につながるため、輸入に対して消極的だったといわれています。それゆえ、生産者に輸出奨励金という後ろ盾が用意され、さらに輸入商品には高率の関税が課せられたり、品目によっては輸入そのものが禁じられたりしていました。しかし、外国から安く買えるはずの物品に高い関税をかけて、それを締め出し、同じ物品について国内で高い費用をかけて生産するのは不合理ともいえます。

そこで重要なのは、スミスが、国富とは金銀・貨幣ではなく、消費財から成ると定義したことです。すなわち、生産者が国内に金銀・貨幣を蓄えても、それは消費財としての国富にはなりえず、国家は輸入も拡大して消費者の利益となる外国からの消費財を増やした方が国民を豊かにするということです。スミスは、重商主義の国家は自国の生産者を守るため、その生産者が競いうる外国商品の輸入に様々な制限を課しており、それは消費者の利益を損なっていると批判しました。そのため、スミスは消費財としての国富を増やしうる自由な貿易体制を支持しました。ただし、スミスは一定条件下では国家が自由貿易を制限することも認めています。

スミスの「自由主義」

またスミスは国家の有用性を認めながらも、国家がすべてに関与することは非生産的だとして、その役割は国防・司法・公共施設などの供給に限られるべきだと述べました。このように国家の役割を狭い範囲に限る国家観を「**消極国家**（＝夜警国家、小さな政府）」といいます。

スミスは、国家は国民の経済活動へあまり介入すべきでないとする自由放任体制、いわゆるレッセフェールを主張したという評価があります。しかし、国家として最低限の役割と、場合によっては国家が自由貿易を制限すべきだと述べたという点では、彼は自由主義者であって自由放任とまではいえません。

道徳哲学の教授でもあったアダム・スミスは、もう一つの有名な著作『道徳情操論』で、人間は利己的でありつつも、他者に共感する性質も持っており、利己心のみで動くわけではないと述べています。

アダム・スミスは利己心や自由主義経済ばかりに目を向けていたと見なされがちですが、他者への共感について触れたことも見逃せません。

7 大経済学者カール・マルクス（1818〜1883）

商品の使用価値と交換価値

マルクスが社会・経済の考察に及んだのは一九世紀後半の西欧です。それはアダム・スミスが生きていた時代よりも、さらに工業化と競争と労働問題が激しくなった帝国主義初期です。

なお、マルクス経済学は資本主義的生産様式の徹底的な分析と共産主義（社会主義）思想を特徴とします。これは数理性と分析ツールとしての意味合いが強い近代経済学と比べると明らかに異質です。まずは彼の主著である『資本論』で最初に触れられている「商品」について見ていきましょう。

マルクスによると、商品とは、使用価値と交換価値がある物です。使用価値とは、消費者の欲望を満たす価値を意味します。パンを食べると腹が満たされる、セーターを着ると暖かくなる、ということが使用価値です。

交換価値とは、ある商品と他の商品が一定比率で交換できるという価値です。たとえば、自分が持っている何の変哲もない石ころと他者のパンを交換する場合、他者にとっては石ころに使用価値があった場合、一定比率でパンと交換できるということです。実際には、そのような石ころには使用価値がないに等しいので、パンとの交換は成り立たないでしょう。石ころには使用価値がないので交換価値もないのです。ある人が自らの所有物を交換するときに、それが相手にとって使用価値がある場合に他者の物と交換できるということです。

労働価値説とは──労働力が価値の源泉

このように、セーターには寒暖を調節できる使用価値があり、パンには栄養源になる使用価値があります。セーターとパンはたがいに異なる使用価値を持ちながらも、なぜ一定比率で交換できるのでしょうか。これについてマルクスは、労働力こそが価値の源泉ではないかと考えました。

マルクスは、商品の価値は、それを生産するために費やされた労働量によって決まるとします。これを**労働価値説**といいます。この考え方に沿うと、たとえばセーター一着をつくるのに、食パン一斤をつくる労働量の三倍が必要になるとすれば、セーター一着と食パン三斤が交換できることになります。この場合の労働量とは、労働の質の違いを考慮しない全労働者の平均的な労働時間です。怠け者が時間をかけてつくった物も、熟練の労働者が手際よくつくった物も同じ価値ということです。

しかし、世の中には少ない労働量でつくられた割に価格が高い商品もあれば、投じられている労働量が多い割に価格が安い商品もあります。したがって、労働価値説については懐疑的な見解が強く、近代経済学では、商品の価値は人間の効用によって決まるという**効用価値説**が優勢です。

「貨幣」の役割と「資本」の誕生

このように商品は、それをつくるのに投じられた労働力を価値の基準にして他の多くの商品と交換できます。しかし、物々交換では不便なので、何らかの媒介物を使って交換する方が便利です。その媒介物が貨幣です。

なお、貨幣は、マルクス経済学では人間関係や生産関係などが物象化したものと見なされ、一般的等価物として様々な形態をとるものとされます。貨幣の物象化とは、商品を交換し合うという人間の社会的関係が貨幣という形として表れる事象のことです。また一般的等価物とは、価値の異なる商品同士を結びつける物です。

さらにマルクスは、貨幣に関して「W—G—W」と「G—W—G'」という図式を示しました。Wとはドイツ語で「商品」を意味する単語の頭文字、Gとは同じくドイツ語で「貨幣」を意味する単語の頭文字です。

まず「W―G―W」の解釈です。これはたとえば、経済主体がパンという商品をつくり、それを売ることで貨幣を得て、その貨幣で牛乳という商品を買う過程を示します。つまり、経済主体はパンと牛乳について貨幣を介して等価値で交換したということです。これを繰り返しても単純な等価交換なので当初の価値は増えません。

次に「G―W―G'」です。これは「W―G―W」を転倒させただけであるかに見えますが、そうではありません。これは、貨幣を持っている人が儲けるために商品を買い、その商品に儲けとなる価値を加えたうえで売り、当初の価値を大きくするという図式です。つまりGは、Wを生産する過程で、その価値を意識的に増殖させたG'になるということです。これが「資本」という「価値が自己増殖する運動体」の概念です。

「W―G―W」の過程では、貨幣は特別な意味を持ちませんでした。しかし「G―W―G'」のように、貨幣を保有している人が価値を意識的に増やそうとしたとき、Gは自己増殖する性質を帯び「資本」へと転化します。もちろん、貨幣そのものが増殖する意志を持っているのではなく、社会的諸関係の中で自己増殖する性質を帯びるということです。Wを起点とした交換活動ではなく、Gを起点とした利潤の追求運動を起こすことでマルクス経済学にいう「資本」が生まれるわけです。

資本家と労働者の誕生

こうした資本と資本家の下で生産に従事するのが労働者です。労働者とは生産手段（＝マルクス経済学では生産設備や原材料）を持たず、自由な意思に基づいて自らの労働力を売る主体です。またマルクスによれば資本家とは、絶えず価値増殖を求める人を指します。労働者の労働力は価値生産力がある商品であり、資本家は生産手段と労働力を使って当初の価値を大きくします。

これに対して封建時代の被治者だった農奴は、職業選択や移動が大きく制限されていたので労働力は商品として成立しませんでした。しかし、封建時代の後に成立した資本主義的生産様式では、労働者は貨幣を求めて自らの労働力を自由に売り、資本家はそれを買って彼らに賃金（貨幣）を支払います。つまり、近代における貨幣経済の浸透と自由の拡大が資本主義的生産様式を生み出したのです。資本家と労働者はともに自由な主体ということで**法的に対等**とされました。これは一方的に自由を奪われる奴隷取引（人身売買）とは異なります。

ただし、生産手段を持っている人は、その生産手段を用いることで生計を立てられますが、労働者は自らの労働力を売らなければ生計を立てられません。労働者は自由な主体ですが、転職困難な場合は結果的に特定の資本家に従属することになります。

剰余価値とマルクス経済学における賃金

このように労働者と資本家では労働者の方が厳しい立場に置かれやすいといえます。また、資本家は搾取できるので、この点も含めて資本家が有利といえるかもしれません。

搾取とは、資本家が労働者によって生み出された生産物を、対価を支払うことなく得ることです。この対価を支払うことなく得られた価値が**剰余価値**です。剰余価値とは、剰余労働に基づく価値のことです。つまり、労働者によって生み出された価値のうち、資本家が労働者に支払っていない価値です。また、労働者が自らの賃金分を稼ぎ出す労働時間を必要労働といい、必要労働を超えた分の労働時間、すなわち剰余価値を生み出すための労働時間を剰余労働といいます。

たとえば、労働者が一〇時間の労働で二万円の利潤を生み出したとします。このとき資本家は労働者の賃金を二万円未満に定めるはずです。そうでなければ資本家は利潤を得られないからです。資本家が賃金を、八時間の労働（必要労働）によって生み出された価値である一万六〇〇〇円に設定すると、二時間の労働（剰余労働）によって生み出された四〇〇〇円が剰余価値になります。この剰余価値が搾取されて資本家のものとなるわけです。

マルクスによれば、労働者の賃金は労働力を再生産するのに必要な分、すなわち必要労働で稼ぎ出した分になります。資本家は、次の日も働けるだけの生活費用のみを賃金にするということです。さらに剰余価値の増殖を求める資本家は、労働者の労働時間を延ばそうとします。なぜなら剰余価値が増殖するほど、資本家の取り分は大きくなるからです。それは労働者の精神や肉体を強く消耗させるとマルクスはいいます。

生産効率と価値増殖の追求

資本家は剰余価値を自らの懐に蓄えるだけでなく、工業設備に再投資して価値の増大に努めます。これは本章の最初の方で述べた店主と同じ姿勢です。

近現代を通じて、このような活動はあらゆる産業で行われますが、一般に工業製品は単価が高く、生産設備も多額の投資を繰り返し必要とします。その単価の高さに加えて、剰余価値を原資とした投資を繰り返し行ったために、経済の規模は人口増加を伴いながら産業革命期から際立って大きくなったのです。

こうして資本家が資本を蓄積し設備投資を行うと、やがて大規模な工場と効率的な機械が稼働します。しかし、それによって生産効率が上がると、産業予備軍と呼ばれる過剰労働者が生じます。この産業予備軍とは、雇用の調節弁として好況時には不安定な待遇で働かされ、不況時には失業に陥ってしまうような人たちです。

産業の効率化が進むと産業予備軍の中での競争が激しくなり、賃金が下がります。これは資本家にとっては搾取できる労働力が増えたということです。本来、商品は労働者によって生み出されたにもかかわらず労働者のものにならず、労働者、とくに産業予備軍は資本家のために都合よく働かされるばかりなので、労働にやりがいを見出せなくなるとマルクスはいいます。

唯物史観とは

マルクス経済学は現代でもたびたび見直されているのですが、彼の共産主義思想は抽象的で、また現実の共産主義国が相次いで崩壊したために疑問が投げかけられています。しかし、その中にも参考になるところもあります。その一つが**唯物史観**です。

唯物史観とは、マルクス主義の核を成す歴史の発展法則です。マルクスによると、人類の歴史は生産関係（＝各時代の生産力が成す社会的諸関係）や生産手段をめぐる階級闘争であり、生産力の発展が歴史の進歩の原動力となります。経済的要素は社会の下部を成し、その上部を成す法律や芸術を規定します。生産力が上がると生産関係に矛盾が生じ、新たな歴史段階に移る、というものです。

これはたとえば、封建制において社会の自由度や生産力が上がると、領主と農奴による生産関係に矛盾が生じるため、資本家が労働者を雇って儲ける資本主義的生産様式という新たな段階に移り、それに伴って法律や芸術も変化するということです。この見方においては、領主と農奴、資本家と労働者は対立します。そして法律や芸術などの上部構造は、その時代の下部構造である生産力や生産関係に基づいて成り立つ産物にすぎません。

その階級闘争の歴史は古代から奴隷制や封建制などを経て、近代ブルジョワ的生活様式へと段階的に発展し、そこでも生産関係に矛盾が生じると、団結した労働者によって革命が起こされ、やがて**共産主義**に移るとされます。

マルクスによれば、共産主義の社会は資本主義が成熟した国において下からの(=労働者による)革命によってつくられ、「自由な協同社会」となります。しかし、一九一七年に起きた史上初の社会主義革命は、資本主義が成熟していないロシアで一部のインテリが主導するという上からの革命であり、その体制は自由を強く抑えつけるものでした。

マルクスが描いた共産主義と、ソ連で実際に築かれた共産主義は異なるということです。また、現代の資本主義も今後もうまくいくとは限らないため、現在でもマルクス的な共産主義の到来を予想する人もいます。

階級対立の複雑化

以上のようなマルクスの唯物史観は歴史を単純化しすぎているという批判があります。さらに現代では、マルクスが生きた時代に比べて資本家の性質が変わっていることも見逃せません。

そもそもマルクス経済学にいう資本家は、生産手段と労働者の労働力を使って利潤を求め、搾取され続ける労働者階級と対立します。では、現代の上場企業の社長や代表取締役はマルクス経済学にいう資本家にあたるのかといえば、当時とは性質が異なる場合が多くなっています。

というのも、彼らの多くは**俸給生活者**（いわゆるサラリーマン）として入社して出世した人や雇われた社長だからです。彼らの任務は株主の意志に従って会社を合理的に動かすことであって、個人的な利潤ばかりを追い求めているわけではありません。上場企業の資本は他者からの出資によるところが大きいため、経営陣および一般社員は外部の資本を使って大きな利潤を生み、それを出資者に還元しようとしているのです。実際、国家の慣習や企業の規模にもよりますが、サラリーマン社長は同族会社の社長ほどの報酬を得られず、会社の業績が悪ければ解任か降格させられるだけです。

一方、同族会社の創業者とその一族は基本的には創業家に資本を蓄えることを狙いとします。同族会社の経営者は自らの生産手段を使い、価値増殖を追求するという点では、マルクス主義にいう資本家にあたります。しかし、現代の同族会社は中小企業が多く、サラリーマン組織としての大企業に搾取されている面もあります。

そのうえ、現代の大企業の正規労働者はさほど困窮せず、安定した賃金を得ています。不安定な環境にいる非正規労働者こそ、マルクス主義にいう労働者に当てはまるのであって、大企業の正規労働者は俸給生活者でありながらも中小の経済主体を搾取する立場になっています。つまり、裕福な労働者の台頭によって、かつて単純だった対立軸が複雑に入り組んでいるのです。

さらに冷戦期の資本主義国は革命を恐れて社会主義国に対抗していましたが、一九九〇年頃には社会主義国が相次いで崩壊した以上、現代では社会主義への対抗策を練ることにはほとんど意味がなくなっています。これらの点から、現代の多様な労働者が社会主義という一つの到達点に向かって共闘するのは、きわめて難しいといえます。

8 大経済学者ジョン・メイナード・ケインズ（1883〜1946）

ケインズを理解するための用語

次は二〇世紀前半に活躍したケインズです。この時代は世界恐慌が起きて、それまで成功していた人も含めて多くの人々が苦しんだ時代です。

そんな恐慌期にケインズは裁量的政策に基づく需要創出の有効性を示し、二〇世紀の政治経済に大きな影響を及ぼしました。まずはケインズを理解するための用語について、いくつか確認しておきましょう。

・名目賃金と実質賃金

名目賃金とは賃金の額面そのもので、実質賃金とは物価水準を考慮した賃金のことです。

実質賃金は、名目賃金を消費者物価指数で割ることで求められます。したがって、名目賃金が上がっても、それを超える率で物価が上がれば実質賃金は下がります。

・非自発的失業者

非自発的失業者とは、就労能力も現行賃金での就労意志もあるのに就業機会が得られない失業者のことです。

・裁量的政策

裁量的政策とは、そのときの経済動向に応じて政策当局が任意で発する政策のことです。この裁量という概念を日常レベルで言い表すと、入学試験で試験官が受験者の個性や志望理由をもとに合格者を選り分けるようなことです。

それとは逆に、試験官が受験者の個性や志望理由書などを考慮せず、筆記試験の点数によって合否判定するような形を非裁量的（＝ルールに基づく選抜方法）といいます。

これを経済政策に当てはめると、裁量的政策の場合、政策当局が不況と判断すれば、それに応じた形で景気浮揚策である金融緩和や公共事業を実施します。一方、経済政策がルールに基づく場合、緊急時を除いて、政府はあらかじめ決めておいた政策しか発しません。

・**財政政策**

財政政策とは、政府が財政支出（＝税金投入）を増減する政策です。その目的は経済の安定化、資源配分の調整、富の再分配にあります。具体例としては公共事業、増税・減税、社会保障費の調節などがあります。

以上の用語を確認して、ケインズの経済論を見ていきます。

古典派・新古典派経済学の限界

古典派・新古典派と呼ばれるケインズ以前の経済学者たちは、市場の**価格メカニズム**を信頼していました。市場の価格メカニズムとは、たとえば労働者が余っていれば、そのうち価格（この場合は賃金）が下がるというものです。逆に労働者が不足していれば、賃金が上がります。賃金は企業にとってはコストにあたるので、それが下がれば雇用の余地が増えます。つまり、価格が合理的に変動すれば、労働市場での需要と供給も均衡へと向かうということです。

このメカニズムを世界恐慌に当てはめると、当時の動向が見えてきます。世界恐慌の始まりは、過剰生産からの転換や投資心理の変化が大きく作用したと考えられています。つまり、当時、商品は過剰供給の状態にあったため、価格が下落したということです。

ここで賃金も下がれば雇用を増やせますが、当時の労働組合は資本家の賃下げ圧力に抵抗したために実質賃金はさほど下がりませんでした。現実は古典派・新古典派経済学の理論どおりには進まなかったのです。

有効需要の原理

そこでケインズは、名目賃金の下方硬直性（＝名目賃金が下がりにくいこと）を前提にして、当時の非自発的失業者の存在について**有効需要の原理**をもとに説明しました。有効需要とは潜在的な需要ではなく、実際に貨幣支出を伴う需要です。有効需要の原理とは、有効需要の大きさが、その社会の総雇用量や国民所得を決めるという原理です。

そもそも非自発的失業が生じるのは、経営者が就労意志を持つ人を十分に雇わないからです。経営者が十分に雇わないのは、商品を生産しても売れないからです。商品が売れないのは消費者に需要がないからです。すなわち有効需要が乏しいから商品は売れず、商品が売れないから生産量を減らし、さらに生産量を減らすから労働需要は乏しくなって、非自発的失業者があふれるとケインズは考えたのです。

したがってケインズは、政府は経済を放っておくのではなく、裁量的な経済政策を発して有効需要を生み出す必要性を示しました。政府が有効需要をつくり出せば、人々の経済への見通しも上向くと考えたのです。

乗数効果

また政府による有効需要の創出は、**乗数効果**として雇用や投資を連鎖的に増やす可能性があります。乗数効果とは、投資などの支出の増加がその数倍の国民所得の増大をもたらす効果のことです。たとえば、政府が財政政策として空港を建設するとします。建設会社に工事が発注されると、建設会社は資材の発注や作業員の確保、重機の手配など様々な出費を行います。さらに失業者が新たな働き口を得られれば、彼らは得られた給料を物品やサービスに投じますし、投資家は需要が増えつつある会社へ積極的に投資するでしょう。

このように、当初政府が投じた費用が回りまわって新たな需要を生むわけです。また、古典派・新古典派の理論のように賃金が下がることで失業問題が解消されるとすれば、労働者の何割かは低賃金を受け入れざるをえなくなりますが、乗数効果が十分であれば労働者全般の賃金向上も見込めるのです。

つまり、賃金の下方硬直性についてケインズが本当に主張したかったことは、賃金が下方硬直的ゆえに雇用が回復しないというより、賃金が下がったとしても、それは問題の根本的な解決にはならない、ということだといえます。これは賃金が下がると、労働者は労働意欲と購買意欲を失うということです。それゆえ、ケインズは有効需要の原理を主張したのです。

ただし、ケインズが有効需要を重視したのは、彼が世界恐慌期を生きたからであって、そうではない時期には別のやり方があると解釈できます。実際、ケインズは、政府による需要創出は雇用拡大につながると説明していますが、それは財政政策を乱発して景気を回復させればよいという類の主張ではなく、成熟した社会は無駄を伴う支出に頼るべきではないと述べています。つまり、そのときの状態によって経済政策の内容は変わるということです。

9 大経済学者ミルトン・フリードマン（1912〜2006）

フリードマンを理解するための用語―自然失業率

アメリカの経済学者フリードマンは、裁量的政策の欠点を示し、ルールに基づく通貨供給政策の有効性を主張しました。フリードマンは、その他にも政府による様々な規制の撤廃を唱え、政府の肥大化について問題を提起するなど先進国の政治経済に強い影響を与えました。まずは自然失業率の意味を確認しておきましょう。

自然失業率とは、経済政策が行われて、その効果が落ち着いたあとも長期において存在し続ける失業者の割合のことです。

なお大前提として、社会主義国では政府が国民全員を公務員として雇えば失業者をゼロにできますが、資本主義国では労働者の多くは私企業に属し、さらに彼らは失業を自発的に選べます。また資本主義国の政府が財政政策によって失業者を減らそうとしても、労働者が就職・転職する際には一定の時間がかかるため、失業期間が発生してしまいます（＝摩擦的失業）。資本主義国には失業の自由や摩擦的失業があるので、失業率がゼロという状態はほぼありえないのです。

ここからいえるのは、政府は財政政策や金融政策によって景気の安定や上昇を図るだけでなく、法改正や行政の支援によって転職をスムーズにしたり失業者の受け皿をつくることも重要だという点です。

次にフリードマンの自然失業率仮説について見ていきましょう。

インフレと錯覚

自然失業率仮説とは、有効需要を増やすための裁量的な経済政策は、短期的には失業率を下げられますが、長期的には物価を上げるだけで失業率を自然失業率より下げられないため、無効だと論じたものです。

たとえば、政府が有効需要を増やすために裁量的な財政政策を発したとします。そうすると需要の高まりとともに物価が上がります。ここで物価水準が名目賃金よりも高い率で上がったとします。ということは、客観的には物価上昇・名目賃金上昇・実質賃金低下となるわけです。しかしながら、短期的には企業や労働者は物価水準の変動を正確に把握できません。そこで労働者は、名目賃金の上昇を実質賃金の上昇だと錯覚して労働意欲と労働供給量を高めます。一方、賃金は企業にとってはコストにあたるため、実質賃金が下がると、企業は多くの労働者を雇えるようになります。つまり短期的には、政府が失業率を改善しようとすると物価は上昇するように、失業率と物価上昇率の関係は**トレードオフ**（＝一方を達成しようとすると、もう一方を諦めなければならないこと）なのです。

しかし、労働者は長期的には物価の上昇を把握します。そのため、労働者・労働組合は企業に予想される物価上昇率以上の賃上げを求めます。一方、企業は、長期的には労働需要量を元の水準に戻してしまいます。つまり、企業は短期的には実質賃金の低下によって労働需要量を大きくしていましたが、物価の上昇を把握できる長期においては、賃上げの要求や原材料価格の上昇を把握して、労働需要量を元の水準に戻してしまうのです。

したがって長期的には、有効需要を増やすための裁量的な経済政策は、失業率を自然失業率より下げられず、その政策の後に残るのは物価の上昇だけという結論に至ります。この説が正しいとすると、裁量的な経済政策はインフレを起こして人々を一時的に騙している面もあるといえます。

マネタリストの経済政策

そこでフリードマンは、経済政策はケインズが述べたように裁量的（＝場当たり的）に行われるべきではなく、ルールに基づいて行われるべきだと考えました。とくに金融当局は金融政策でマネーサプライ（通貨供給量）を一定率で増やしていくべきだといいます（＝「k％ルール」）。

裁量的な金融政策は経済を乱しやすいため、その裁量を減らすために、金融当局をルールで縛った方がよいとフリードマンは考えたのです。これは、たとえば金融当局が将来的にどのように行動するか、あらかじめ会合を通じて決め、それを公にし、それに沿って政策を機械的に発するというものです。また政府が裁量的に政策を発するよりも、簡潔なルールに沿って発する方が、民間の経済主体にとっては政府の行動が予想しやすいとされます。

この立場によれば、政府は財政政策を行う場合、歳出を賄うだけの歳入の確保を念頭に置き、歳出や税率を大きく変動させるべきではないとされました。このように、ルールに基づく通貨供給政策を重んじる立場を**マネタリスト**といいます。

裁量的政策を実行する政府は、状況の認知や政策の決定について時間がかかり、政策そのものも発してから効果が表れるまでに時間がかかる傾向があります。また、裁量的政策は政府が有能であればあるほど効果的に作用し、政府が無能であればあるほど無効・マイナスに作用します。マネタリストは、裁量的政策の時間のズレを問題視し、同じように政府と金融当局の裁量を低く評価しているため、ルールに基づき彼らに任せる裁量を減らすべきだと主張しているのです。政府の裁量を減らすほど経済政策は合理化できるというわけです。この場合の経済政策の合理化とは、政府に政策を素早く実行させる一方、余計なことをさせないということです。これは政府が下手に介入するくらいなら、まだ介入しない方がベターなので、肝心なところだけはルールで縛っておくということでもあります。また経済政策がルールに基づいていれば、問題の先送りという裁量的な行為も防げます。

ケインジアン（＝ケインズ一派の学者）が世界恐慌の原因を需要不足に求めている一方で、フリードマンらマネタリストは、かつての世界恐慌が拡大した主因をＦＲＢによる裁量的な金融引き締めに求めています。マネタリストは一握りのエリートが大きな裁量を行使して、破滅的な事態を招くことを危ぶんでいるのです。

フリードマンの「自由主義」

要するに「裁量」は人間的な措置にも感じられますが、その裁量が大きいほど、それは経済学的（とくにマネタリスト的）には不安定だということです。

反対に政府が規制を緩めたり、政策を簡潔で固定的なルールに基づかせたりすれば、それで経済が安定するとは限りませんが、政府の裁量・規模・コストは小さくなります。これが「小さな政府」です。

ただし、これは政府が経済にまったく関わらないということではなく、政府は私企業が果たしにくい業務を担うとともに、市場経済がうまく機能するルールを定め、それを公的機関にも民間にも守らせます。

フリードマンは「大きな政府」と裁量的政策の可能性を強く疑い、個人の自由と経済上の自由を尊重し、政府の肥大化に反対しています（＝**リバタリアニズム**）。たとえばエジソンの発明やヘンリー・フォードの経営など多くの偉人の功績は、才能あふれる個人が政府に強いられることなく個人と経済の自由においてつくり出されたものだからです。つまり、多様な個人が自由に活動することで、経済水準を底上げしうるの

図11　大経済学者の主張と時代背景

	活躍した時期	重んじる価値観
スミス	18世紀後半	自由主義と小さな政府
マルクス	19世紀後半	共産主義
ケインズ	20世紀前半	不況期の裁量的政策
フリードマン	20世紀後半	個人の自由と小さな政府

です。フリードマンは、多様な個人の才気が政府の強権や失策によって摘み取られた結果、高い経済水準を得られる機会が失われることを憂慮しているのです。

10 市場経済と資本主義の性質

市場経済の性質

市場経済とは、市場において個々の経済主体が自由に活動することで、需要と供給が変動し価格が調節され、資源が配分される体系のことです。これは、いわゆる市場原理とほとんど同じ意味です。

たとえば、Bという業者がMという商品を独占的に製造しているとします。Mの需要が大きく、Bによる供給量が少ない場合、BはMの価格を上げます。Bが価格を上げすぎてMが売れなくなれば、Mの価格を下げて対応するでしょう。このような過程を通じて、市場での財の価格と需給量は調節されていくのです。

ここで重要なのは、Bは市場で独占的な地位にあるため、BはMに高めの価格をつけやすいということです。しかし、そこにBが独占的に儲けていることに目をつけた他社Fが現れ、FがMに似た商品の製造を始め、BとFが競合すると、通常ではMの価格とBの利潤率は下がります。

BとFの二社による複占（＝二つの経済主体が市場を支配する状態）ではなく、いっそう多くの競合者が現れ、さらに競争のルールが緩められれば、Mの価格はその利潤がゼロになる水準にまで下がることもあります。つまり、市場経済では多くの経済主体が参入して自由に競うほど、各経済主体の利潤はゼロに近づいてしまうということです。

経済学の法則性

市場経済は、良いとか悪いとかいった価値判断は関係なく、価格が上がれば需要が減り、下がれば需要が増え、それに沿って各経済主体は供給を調節し、資源が配分されていくというだけの**機械的な原理**です。これは政府が経済を統制していない国では、どこでも通用する原理です。それゆえ、第2章の前半で説明した「法則」に近いところがあります。

市場経済での価格は、需要と供給のバランスで決まりますが、そうでなければ政府が価格を統制するしかありません。ただし、価格については政府は補助金や増税・減税などの裁量的政策によっていくらか調整することもできます。つまり、価格が需要と供給のバランスで決まるという仕組みは科学的ですが（＝単なる因果関係であり価値観とは無縁）、政府が価格を調整することは価値観に基づく任意なのです。

市場経済における公平性

また前にも述べたように、近代法には強者に対する弱者の権利や社会の安定といった規範がつきものです。

一方、近代経済学では**効率性**と**私人の自由な選択・契約**が重視されます。たとえば労働者の扱いをめぐる議論では、法学者は労働者を弱者と見なして法的保護を主張するのに対して、経済学者は、過度な法的保護は既得権者を守るばかりで全体の経済成長にとって望ましくないと考えがちです。

流動的な労働市場は効率性だけを追求した形に見えますが、新卒者や転職者、起業家といった新規参入者にとっては、既得権者が手厚く保護されている労働市場よりも流動的な労働市場の方が公平といえます。つまり、市場における効率性の追求は公平性の確保につながることがあるのです。経済学者や新規参入者にとっての市場経済は、機会の平等を提供するシステムだといえます。

資本主義の性質

市場経済の性質からわかるように、人間の行動は個人単位では法則性を見出しづらくても、集団単位では法則のように見えることもあります。これは社会科学系の法則全般に通用することです。

しかし、市場経済の性質には法則性があるとしても、手だれのアナリストでさえも世界経済の見通しを大きく外すように、実際の経済は法則どおりに展開するとは限りません。こうした動き、すなわち市場経済を基本原理にしながらも市場経済の収束（＝競争の激化とともに価格や利潤が下がること）を打破していく動きが資本主義です。

資本主義とは、資本家が市場で何らかの差異や需要を見つけては労働者を働かせて、その原価に儲け分を上乗せしたうえで利潤を得るという、絶えず不等価交換を広げようとする**動的システム**です。

ここで思い出していただきたいのは、市場経済では多くの経済主体が参入して自由に競うほど、彼らの利潤はゼロに近づいてしまうことです。つまり、市場経済で短期的には企業は大きく儲けられるとしても、長期的には商品一単位あたりの利潤は小さくなるのです。そこで資本家は利潤縮小に抗って、合併、技術革新、それまで商品ではなかったものの商品化、ルールの改変、ロビー活動、薄利多売、雇用方法の工夫による人件費節減、低コストを求めての海外進出など、様々な手段を用いて収益を大きくしようとします。

企業が他の企業と合併すれば企業価値の上昇が見込めます。企業が技術革新で業務を自動化できれば人件費を減らせるので、それだけ利益は増えます。商品一個当たりの利益は少なくても多く売れば、それなりの利益は出ます。さらに企業が正規雇用を減らして非正規雇用を増やせば、人件費が減るので利益は増えます。国内での競合が激しくなったために利益が減っても、企業は海外へ進出すれば稼げます。こうした動きは企業側の収益を増やします。このように資本主義では、政府は経済成長を煽り、資本家は絶えず資本と労働者を動かして資本の蓄積と市場の拡大を目指さなければなりません。

しかし、たとえば薄利多売の商売では、労働者は多くの時間働いて数多く売り上げる必要がありますし、人件費の削減は労働者にとって不都合です。市場経済の収束に抗う拡張運動は企業や株主に利益をもたらしたり、また技術革新は環境負荷を減らしたりすることがあるものの、労働者にとっては不利になりやすいのです。

それでは逆に、企業は労働者の利益になることばかりをすべきかといえば、単純にそうとも言い切れません。そのようなことばかりしていては、企業は株主から支持を失ったり、利益が確保できずに倒産してしまうことがあるからです。企業に労働者の利益ばかりを実現させて倒産に至るようでは、かえって労働者にとって不利益です。

なお、さきほど触れたルールの改変とは、たとえば政府がタクシー業界の参入規制を緩めたり、タクシー会社が初乗り運賃を変えたりすることです。さらに、それまで商品ではなかったものの商品化とは、たとえば企業が家事代行サービスを売り出すことなどが挙げられます。一昔前までは家事は商品化されていませんでしたが、家事が商品化されることでGDPはプラスになります。

また人々が経済成長を分別なく望むのなら、政府は未成年にも飲酒を許して酒メーカーを儲けさせた方がよいという理屈に至りますが、さすがにそれは身体への悪影響が強いので未成年の飲酒は多くの国で禁じられています。資本主義下の経済主体はよくも悪くも何でも商品化して儲けようとするので、人間の理性と法が、行きすぎた金儲けに前もって歯止めをかけているのです。

資本主義の類型

このような資本主義は、国の自由度や国民性・慣習によって、その形に違いが見られます。大きく二つに分類すると、まず経営陣の高い報酬と強権を重視する英米型の体制と、それとは対照的な性質を持つ共同体型の体制が挙げられます。前者の代表国はアメリカで、後者の代表国は日本です。

一般に英米型の体制では、開放的な市場競争と労働移動（同時に技術と知識も移動）の中から個性的な人物が現れ、その人物が強いリーダーシップをとって変化の早い業界や発明部門において、それまでなかったような財・サービスをもたらします。英米型の体制は経営者に高水準の待遇と権力を認めるという意味では一企業内において独裁的です。英米型の体制は、経営者（とくにオーナー社長）が出資者から資金を直接的に調達して、リスクを背負いながら新境地を切り開く体制であり、公共性が高い医療や教育にも市場原理を求めます。

それに対して共同体型の体制は、画一的な教育と同質性・協調性を尊ぶ社会ゆえに突出した個人は現れにくいものの、皆で財・サービスを手堅く提供したり改良することに適しています。実際、日本企業の丁寧な接客や工業製品の性能・耐久性には定評があります。

また共同体型の経営は、事業部制のような分権的な組織と合議が重んじられるように、権力が分散的です。一般に事業部制は部分最適に陥りやすく、合議の偏重は責任の所在の不明確さと意思決定の遅滞を招くといわれています。

さらに、共同体型の体制は国内とその慣習を重視するという点では閉鎖的です。たとえば、株式の持ち合いに象徴される系列会社への積極的な配慮、新卒を重視する雇用慣行、日本市場

図12　資本主義のタイプとイノベーションの関係

類型	代表国	経営	市場	労働者の育成		得意なイノベーション
英米型	米国	経営者中心	開放的	自主的な転職の繰り返し	→	変化の早い業界や発明部門に革新をもたらす
共同体型	日本	身内重視	やや閉鎖的	画一的教育	→	財・サービスの漸進的な改良

にしか通用しない商品などです。共同体型の体制は、よくも悪くも身内ばかりを重視するものだといえます。

11 社会主義の性質から見える資本主義の優位性

資本主義の成立

人々が、その社会で希少と見なされる物を手に入れる際には、より多くの媒介物（＝貨幣）を支払う必要があるという原理（＝市場経済）は資本主義の成立以前からありました。しかし、資本主義が成立するには、資本家が利潤を自由に追求することができる制度（＝私有財産制や契約の自由）が必要で、これらが生まれたのは近代になってからのことです。

資本主義が成立して人間が市場経済の収束に抗うかのように利益を求めて動き回ると、経済情勢の予測も難しくなり、労働問題や環境問題といった難点も強まります。かつての植民地経営や帝国主義も資本主義的な動きです。紡績機や蒸気機関といった産業革命期での発明も、その目的は労働者を切り詰めて資本家の利潤を増やすことにあったのだとすれば、これもまた資本主義的な発想の末の産物です。資本主義は経済を全体として底上げしてきたものの、かならずしもすべての人間に幸福をもたらすわけではありませんでした。

資本主義の根本的な克服

そこで自ずと資本主義に関する問題を根本的に解決しようとする考え方が登場します。それが社会主義（共産主義）です。なお社会主義と共産主義の違いは、統一的な見解がないため、本書では区別せずに扱います。

社会主義とは、資本主義が生み出す社会問題を根本的に解決するために、理想社会を財産の共有（＝私有財産制の制限・廃止）や計画経済といった形で理論的に構築する運動・体制のことです。

社会主義の特徴を明らかにするために、まず資本主義の特徴について述べます。たとえば、日本国内のコンビニエンスストアのカップラーメンが売られている棚を観察すると、一部の商品は週単位で変わっていることに気づきます。これは、チェーン本部や店主が売れ行きの悪い商品をよいものに入れ替えていくからです。つまり、コンビニエンスストアの商品は、劣勢にあるメーカーが巻き返しに努め、優勢にあるメーカーもさらなるシェア拡大を狙うなど、激しい競合状態にあるのです。

さらに経営者が商品をしきりに入れ替えて生産者間の競争を煽れば、商品の質向上と価格の低下も見込めます。資本主義では基本的に生産品目・生産量・価格・賃金をそれぞれ自由に決められるので、各人は競って、より多くの収益を上げようとします。

各人が自由に競うと、能力の差に伴って競争の結果（＝待遇）にも差が生じます。しかし、政府は格差を徹底的に正そうとはしません。資本主義では、政府が各人の能力差から生まれた待遇格差をなくすことは、かえって**不公平**だと見なされるからです。つまり資本主義では、経済活動の自由と競争的な市場が尊重され、多少の格差や不平等は容認されるのです。

一方、社会主義国の商品・配給品は、品目も品数も品質も資本主義国と比べて劣って見えます。なぜなら社会主義国では政府が金融機関や生産手段を公有化し、さらに物資の生産品目と生産量と価格を独裁的に計画したうえで生産者にノルマを課し、当局が生産物を平等に分配していくなど、最低限の物資しか供給しない傾向にあるからです。これを市場経済に対して**計画経済**といいます。社会主義国では政府が計画経済を掲げて、経済活動の自由や失業・倒産を制御します。[※8] 計画経済とまではいかなくても、社会主義国では経済活動の自由が

※8　資本主義国も、戦争や大災害、大恐慌、財政破綻などの困難が生じた場合、緊急時の措置として政府が計画経済のごとく経済を統制することはありえます。
ちなみに日本は市場経済の国ですが、米作に関しては計画経済に近いと指摘される時代もあります。

大きく制限されているのが普通です。それは社会主義者が、市場での自由競争や私有財産制が貧富の格差・階級対立や労働問題、そして過剰生産・恐慌を生むと見なすからです。そこで社会主義者は、政府が経済を統制すれば、そのような社会問題を一気に解決できると考えます。社会主義者は理性を信用し、不平等について敏感なのです。

もちろん、資本主義を推す人も資本主義の欠点を認めていますが、彼らは理性を疑っています。そのため、人間が経済というきわめて複雑な体系を計画的に統制しても、やがて行き詰まってしまうと考えます。つまり彼らにとっては、多少の不平等や格差があっても政府が**私有財産制**を保ちつつ、皆が「見えざる手」を信じて自由に活動する方がベターだということです。

私有財産制とは、政府が個人の財産や生産手段について排他的な所有権（＝物の使用・収益・処分を包括した権利）を法的に認める、資本主義の核を成す法制度です。要するに、私有財産制では財産はそれを所有する私人のものになりますが、社会主義体制では私有財産が制限されたり、財産は皆で共有することになるのです。私有財産そのものは古くから見られましたが、政府が法制度として強く保障するようになったのは近代になってからです。

体制と労働意欲

このように社会主義国の政府が私有財産制を制限することは、労働者の**インセンティブ**を損ねます。インセンティブとは、行動を動機づける誘因や、それを促す報奨金です。たとえば、自らが稼ぎ出した財産をすべて皆で平等に分け合うのと、すべて自らの物にできるのとでは、どちらが労働意欲が増すのかといえば、基本的には後者に分があります。これがインセンティブのある状態です。つまり、インセンティブがあってこそ人間は財を成すために将来に向かって頑張れるということです。

もし労働者にインセンティブが与えられなかったら、彼らは手を抜き、場合によっては、有能な人は他国へと逃げてしまうかもしれません。

さらに社会主義国では、政府が国民全員を国営企業の従業員（＝公務員）として雇えば、理論的には失業率をゼロにできます。しかし、労働の割り当てまでも政府に統制されてしまうと、その仕事は労働者の適性や好みとズレが生じやすくなり、特定層にばかり過酷な仕事が押しつけられます。また政府が失業率を実態よりも低く発表することも常態化していた（している）ようです。

この点、労働者の多くが私企業で働く資本主義国では、失業を自発的に選べるので、失業者がゼロという状態はほぼありえません。しかし、資本主義では自らの仕事を自由に選べるので、適性や好みとズレが生じにくくなります。自らの能力があまり活かせない体制と、それなりに活かせる体制とでは、失業率が少々高くても、資源の使い方としては後者の方が効率的です。

また資本主義下の企業は、自ら仕事をつくり出し、自らの自由と責任において経営することが基本です。これを**オーナーシップ**といいます。事業や投資の失敗は自己責任が原則だとしても、成功時の報酬も大きくなるのが資本主義だといえます。一方、それに比べて労働者の責任は軽いかわりに、報酬も少なくなります。

計画経済と市場経済の違い

また計画経済では、政府が物資の生産品目・生産量・配分に関する情報を継続的に集め、それらを合理的に予測・管理する必要がありますが、それはほぼ不可能です。これはたとえば、政府が数千万の国民が食べる量を正確に計算して、それに応じて食料を供給するのは、現実にはほとんど無理だということです。

つまり、「政府はすべての資源を適正に統制できる」という前提は人間の能力として無理があるのです。したがって近代経済学は「政府ができることは限定的である」ことを前提にして、政府が法や経済政策を通じて資源配分を望ましい方へ導くというように考えます。近代経済学は市場経済・資本主義体制を前提にしているのです。

そこで重要になってくるのは、人間が人間（＝自分と他者）の誤りをいかに修正していくかです。そして前提になるのが、実社会における個々の経済主体はあらゆる面で完全ではないということです。しかし、個々の経済主体は**不完全**とはいっても、市場経済では自ら商品の価格と効用を身近な範囲でのみ判断し、個々の生産者は生産品目や生産量を調整することで、**事前**（＝計画時・取引前）の誤りを**事後**（＝生産後・取引後）に細かく修正しています。たとえば、消費者から好まれない商品ばかりを生産している企業は、そのままだと倒産してしまうので、当然、商品の質と量と価格をたびたび見直します。このように消費者や競合他社の動向によって企業は商品の質と量と価格を修正するので、経済学をまったく知らない人も日々の経済活動を通じて市場経済に影響を与えていることになります。

さらに人々が一連の過程を繰り返すことで商品と組織は洗練され、需給量も安定していきます。資本主義体制でときにすばらしい商品が生まれるのも、そうした長きにわたる積み重ねや、**試行錯誤**を繰り返した結果だといえます。人間の理性が不完全だからこそ、事前の完璧さにこだわるよりも事後において細かく（ときには大きく）修正していく方が効率的なのです。市場経済は個々の経済主体による、いわば分業的な試行錯誤によって成り立っているわけです。

しかし、計画経済では一部の公職者が経済を独裁的に運営するとともに、国営企業は体制が崩壊しない限り倒産しないため、消費者からの要望はあまり取り入れられません。実際、社会主義国の公職者は社会主義の権威や自らの地位を守ろうとするあまり、誤りや権限の縮小を認めようとしない傾向にあります。そのため、事後において計画時の誤りに細かく対応することにも消極的になり、無謀な事業を繰り返してしまいます。さらに計画経済では労働者に生産ノルマが課されますが、質のよし悪しはあまり要求されません。これでは必要な物資が手に入らないわりに粗悪な商品が大量に供給され、質が改善されにくいでしょう。

事後修正システムの限界と景気循環

一方、市場経済は計画経済とは異なり開かれた事後修正システムであり、不特定多数の人間による試行錯誤が、商品やそれをつくる組織を洗練させていきます。ただし、そのような市場経済の事後修正システムだけでは不安定なので、政府は経済法（＝独占禁止法や業法など）や違法業者への罰則を定めるとともに、民間の経済主体は法や契約書などを用いて取引前に諸事項を確認し、事後のトラブルに備えます。すべての人間が、わざわざ法や契約書を使わなくても誠実に行動できればよいのですが、それは現実的に難しいので事前的なルールを敷くわけです。

なお、市場経済の仕組みはWikipediaの仕組みに似ています。それは、Wikiではだれもが自由に編集に参加できますが、場合によっては他者からクレームを受けたり、記事が保護扱いになったりする点においてです。要するに、Wikiの利用者は重要なところはルールに縛られますが、それ以外では自由であり、多くの人によるやり取りの中で記事の質と量が高まっていくのです。

ここでたとえば、Wikiの管理者が、ある汚職事件について事件関係者や特定メディアからの記述・編集しか受けつけないとすると、おそらく偏った記事内容になってしまいます。しかし、管理者がそれを開かれたシステムに仕立てれば、それもまた完璧ではありませんが、個々の利用者は他人の誤りや偏見をたびたび修正できます。

つまり、市場経済でも、このWikiのように人間による誤りの発生を前提にして、それを皆で修正しているのです。具体的には事後において個々の経済主体が任意で商品の質や需給量を修正します。

しかし、その過程で失敗すると、一旦縮小し、それが一段落すると成長に向けて経済活動を拡大させていきます。この経済活動の周期的な変動が景気循環です。つまり、市場経済における誤りの修正は、経済が絶えず動く中で以前よりも優れた状態を目指す手探りの修正なので、

図13　景気循環のイメージ図

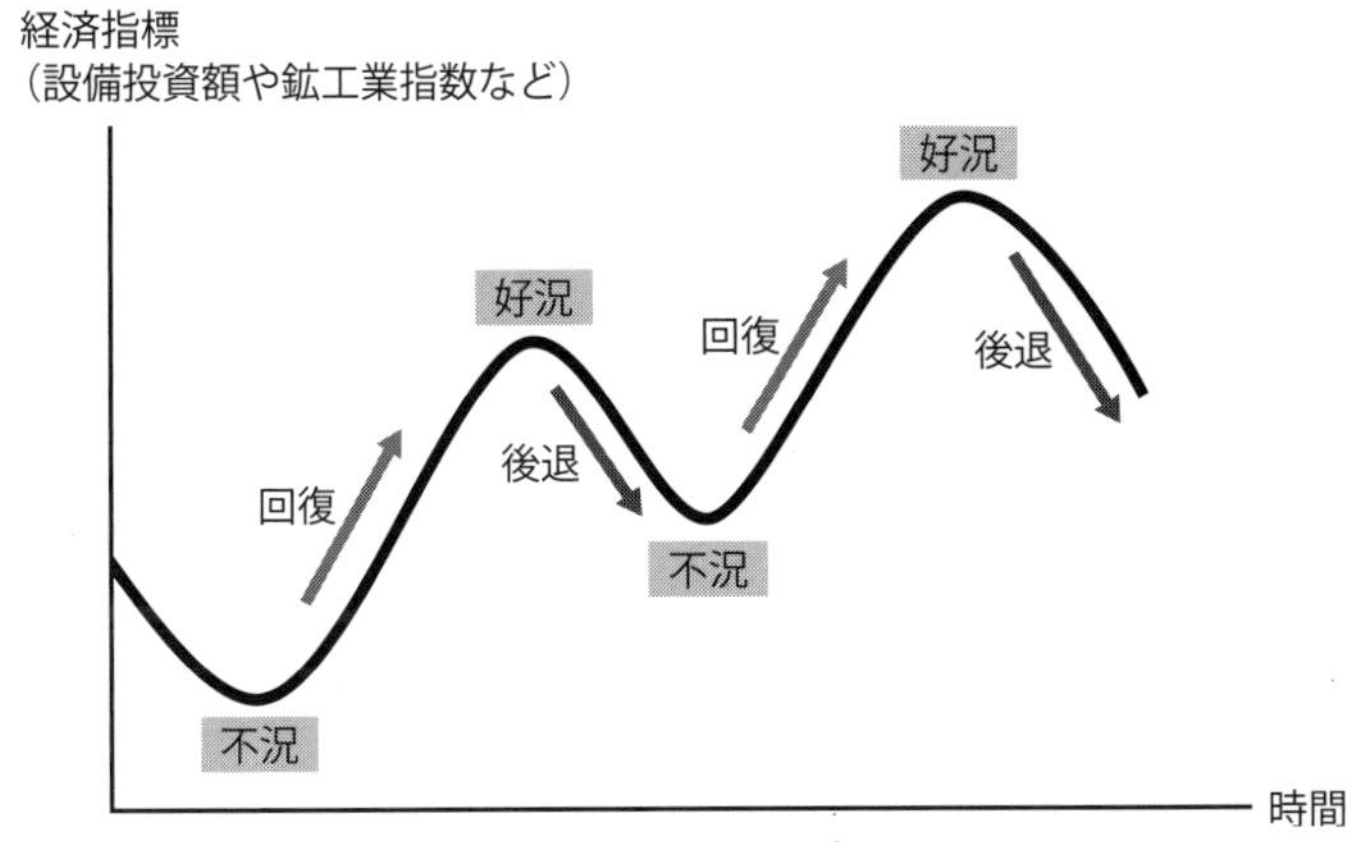

経済は波打つのです。なお景気は、財政政策・金融政策やルール改定、オリンピックなどの大規模イベント開催、政治家の言動、他国における戦争などによっても揺さぶられ、それは場合によってはバブルや恐慌に発展します。

自由な経済活動が抱える矛盾

景気循環という波を乗り越えていく過程で、一部の大企業はさらに支配力のある大企業に成長します。なぜなら、大企業は自分たちに有利な取引条件を中小の下請け業者に飲ませて利益を確保することができ、政府も経済成長の牽引役として大企業を優遇した経済政策を行う傾向があるからです。

この動きは企業間に止まらず、価格や質の面で消費者にも不利益をもたらすことがあります。本来、消費者は、ある企業の商品やサービスが気に入らなければ、その企業に改善を促したり、他の企業のものに乗り換えますが、市場が大企業に支配されていると、そうした主体的な動

図14　市場経済と計画経済の違い

	各人の行動原理	特徴	価格の決まり方	資源配分	失業
市場経済	自らの効用を高めようと自由に動く	需給量と価格・利潤の収束	需要と供給のバランスにより形成される⇒市場価格	消費者や企業の自由な行動から形成される	労働者は自発的に選択できる
計画経済	政府の計画の下に動く	成否は政府の能力次第	政府が決める⇒公定価格	政府が生産手段を保有しながらコントロールする	理論上は生じない

きが困難になります。

国民に情報を提供するはずの報道機関も、大企業に関して悪い報道をすれば、彼らの機嫌を損ねて広告収入の減少を招くため、報道を意図的に控えることがあります。これでは、ますます大企業は市場の審判を受けにくくなります。つまり、大企業が自由な利潤追求に基づいて築いた独占的な支配力によって、消費者・中小企業の主体的な経済活動や報道機関の動き、そして市場における価格競争が損なわれるということです。資本主義は市場経済における自由な価値増殖を原理としますが、大きな経済主体が優位に立つことで、市場経済の動きが鈍るという矛盾した状況をもたらしてしまうのです。

一方、社会主義は、価格や生産活動を統制する計画経済によって、景気循環や格差をなくすことができるといいます。

そもそも、資本主義国で景気循環や格差が発生する原因は、企業や消費者が自由に行動することにあります。

図15　資本主義と社会主義（計画経済型）の違い（図14と一部重複）

	基本理念	私有財産	利潤の動向	賃金の原則	政府の役割	国民の扱い方
資本主義	自由な利潤追求	原則として認められる	それを生み出した人・組織のものになる	企業の自由	民業を助けたり民間ができないことを行う	各人の自由を尊重する
社会主義	資本主義の根本的な克服	ある程度、または全面的に制限される	皆で分け合う	理論上は政府が平等に分配する	経済・社会を統制する	画一的支配の対象と見なす

そこで社会主義政府は、国民の自由を制限して経済をコントロールすれば、経済は安定すると考えます。しかし実際には、それはきわめて難しいのです。

社会主義国の腐敗と資本主義国の自浄作用

また社会主義国では、暴政が常態化しやすいという欠点があります。計画経済では経済を管理する公職者に権限と富が集中し、彼らがその利権を頑なに守ろうとするからです。国民に自由を認めると体制が覆され利権が奪われる可能性がありますから、彼らは一党独裁を維持しようとするのです。格差や搾取は資本主義に固有のものではなく、公正さや競争が欠如した一党独裁国家でも見られる事象です。

国民による自由な批判や公正な選挙がなくても、公職者が清く正しく政治を行うことができるならば一党独裁でも問題ないのですが、実際には腐敗だらけです。また、まともな公職者がいたとしても、汚職に引きずり込まれたり潰されたりしたのが社会主義国の歴史です。

一方、現代の資本主義国でとられる政治体制（＝民主主義）では、国民は自由権や参政権によって問題を批判・修正できます。なぜ資本主義国で民主主義体制がとられるかといえば、資本主義は個人の自由な経済活動を基調とし、民主主義は個人の自由な思想と政治活動を基調とするなど、両者には自由を尊重するという共通点があるからです。

一般に民主主義国の政治家は選挙結果を重視するため、競合相手と有権者と報道機関の動きを気にして自らを律します。この原理は、企業が顧客・投資家や報道機関の反応、さらに監査や監督官庁を気にして自社を律することと同じです。資本主義国では社会主義国の一方的な統制とは異なる自浄的な作用が働いているのです。

経済体制と社会の変化

しかし、マルクスが予期した共産主義社会は「自由な協同社会」であって、政府が国民を一方的に統制する社会ではありません。社会主義には他にも、私有財産制の廃止とともに原始的な平等社会を目指すタイプ、労働者が企業を運営するタイプ、インセンティブを一部に取り入れるタイプなどがありますが、いずれも柔軟性に乏しく資本主義ほどの評価・実績はありません。

一方、資本主義にも様々なタイプがあり、その社会は成熟度や他国の動きによって変化します。今後、各国の資本主義が行き詰まれば、社会主義体制に移行するのではなく、資本主義の枠内で社会が変わるかもしれません。市場経済・資本主義・民主主義は難しい局面を迎えることもありますが、それでも**「自由」によって修正・変革が促され、**社会の変化に対応できるのです。

12 資本主義の限界?

資本主義とイノベーション

資本主義の変革について、オーストリアの経済学者シュンペーターは「創造的破壊」の必要性を唱えました。創造的破壊とは、時代遅れの企業や競合に負けた企業、古い技術、非効率的な流通体制などがつぎつぎと刷新され、そのたびに著しい成長が目標となり、新しい成長パターンが描かれることです。要するに、創造的破壊とは資本主義経済の新陳代謝のようなものです。

刷新（＝イノベーション）とは、経済主体が単に商品を改善するというより、商品そのものや、それをつくり出している資源や生産組織といった要素を、新たな結合や革新的な手法によって一新することです。たとえば、企業が有線の固定電話機を洗練させても社会は大して変わりませんが、無線の携帯電話という革新的な機器が生まれることで社会は大きく変わります。

このようなイノベーションには倒産や失業を伴います。倒産や失業というと、どうしても否定的に見られがちですが、倒産する企業は時代遅れの企業だったり、補助金漬けの企業だったりします。イノベーションには、市場からそのような非効率な組織や技術を取り除くとともに新たな市場をつくり出し、資本主義的発展を推し進めるという利点もあります。この創造と破壊の繰り返しによって資本主義社会は豊かになるのです。

経済成長を鈍らせる懸念材料

しかし、シュンペーターは資本主義に新陳代謝を見出す一方で、資本主義の末路も示しました。シュンペーターによれば資本主義が発達すると、競合に優位で成功を収めてきた大企業ばかりが生き残りますが、それによって企業は起業家精神を失った官僚的な組織と化してしまうといいます。

シュンペーターの論説はおもに人間と企業の性質に踏み込んだものですが、一方で資本主義の限界の要因は限られた天然資源にあるという声もあります。

というのも、二〇世紀後半までの資本主義の歴史では、先進国が途上国から安い原料を買い、それを加工・販売して利潤を蓄えてきました。しかし、原料価格は長期的には全体のインフレとともに上昇基調にあるように見えます。

近代人は豊かさを人為的につくり出せるようになりましたが、それは安い天然資源の存在を前提としています。したがって、天然資源の供給力が人口の拡大に追いつかなくなったり、採掘コストが割に合わなくなってきたりすると、資本主義社会は変革を迫られるでしょう。

経済成長の余地

とくに現代では新興国の台頭もあって、**フロンティア**（＝開拓の余地を大きく秘めた地域）は少なくなっており、先進国の経済は政府が様々な政策を発しても、かつてほどの上昇カーブを描けていません。そもそも、物資やインフラがすでに行きわたっている国と、そうではない国とでは、後者が経済成長にとって有利なのは当然なのかもしれません。

また重要なのは、地球の資源は土地も含めて限られているということです。一五世紀後半の大航海時代以降、帝国主義、冷戦後のグローバル化、インターネットなどによって、それぞれの時代の人々は活動するエリアを絶えず広げ、さらに資本主義や株式会社といったシステムを生み出して収益を大きくしてきました。

しかし、地球の資源は土地も含めて限られているとなると、途上国と呼ばれている国がすべて発展を終えたとき、人類はそれ以降も経済成長を望めるのかという問題に突き当たることが推測されるのです。

第三次産業がもたらす可能性

この点、たとえばアメリカは製造業での優位性を失っていった一方で、金融業やＩＴ産業、さらに不動産市場を活性化させて経済を成長させてきました。なぜなら経済成長に伴って労働者の賃金は上がりますが、企業経営は賃金が安い方が有利なので、単純作業が多い製造業の工場は賃金の安い途上国に生産拠点を移してしまうからです。

そこで工場が減っている国家では第三次産業が発達します。このことによって先進国の労働者は、製造現場の衰退や業務の効率化（＝ＩＴ化や自動化）の影響を受けない人ほど高い賃金が得られ、そうではない人ほど賃金が下がるといわれています。一方でグローバル化とともに途上国の労働者の賃金は改善されるため、国内（先進国）の労働者の間では賃金格差が広がるとしても、先進国と途上国の間での賃金格差は縮まるといわれています。かつて欧米列強は途上地域を搾取しましたが、現代の一部の途上国では先進国の企業が相次いで進出していることもあって現地民の待遇が改善されつつあるのです。

企業救済の是非

アメリカで第三次産業が発達すると、金融市場と不動産市場は半ばバブル状態に陥り、二〇〇八年のリーマンショックを機にバブルは弾け世界中にダメージを与えました。

ここで難しいのが、危機に瀕している金融機関を政府が救済することの是非です。一般に企業が自らの行為によって大きな損害を被った場合、資本主義ではその企業が自ら責任をとることが筋です。しかし、それを金融機関にも当てはめると、破綻した場合に混乱が広がってしまいます。これは場合によっては金融業以外の大企業にもいえることです。そのため企業が経営危機に瀕した場合、政府から救済されるケースと、そうではないケースが出てくるのです。

その対応が政府の決議や裁量によって分かれることは不公平でもあるため、被救済企業の幹部の報酬を含めて、かなりの論争を伴います。この処置については後世から見て的確だったといえる判断を緊急時に下すのはきわめて難しいといえるでしょう。

世界恐慌やリーマンショックに見られるように、資本主義下での秩序維持も、そう簡単ではないことは確かなようです。

13 経済学のこれから

経済学は科学か

自然科学の研究者は、先人たちの所産と自らの仮説をもとに観察や実験を繰り返し、自然法則を見出します。この試行錯誤によって、それまでの誤った仮説や論証などは退けられ、そして同様の現象が確認できれば、科学者の営みは理論や発明として結実します。

一方、経済学者も先人たちがつくった所産を参考にしながら経済事象を解き明かそうとします。とくに近代経済学は**経済人**という経済合理性（＝矛盾なき行動）に徹する人間像を想定しているので、これに沿った経済理論は普遍的です。

その点では、先人たちがつくった理論のうち普遍的に通用すると認められた内容、すなわち経済学の基本は自然科学の法則のように世界共通です。このような理論の蓄積は、経済がどのように動いていくかを予測する際に役立ちます。

ただし、自然科学の法則においては、不純物や不確定要素がない状態を想定するように、経済学も国民性や政府の裁量といった数値化できない要素を省く傾向にあり

図16　自然界の法則と人間社会の法則の違い

	成り立ち	時代や地域との関係	法則の反復的な実験（再現）	例
自然界の法則	人間の存在や価値観とは無関係	時代や地域を問わず通用（存在）する	可能	落体の法則
人間社会の法則	不特定多数の人間によって形成される	時代や地域によって変わりうる	不可能	需給の法則

ます。たとえば市場経済における価格についても「需要と供給で決まる」としていますが、これは複雑な現実を単純化したものにすぎません。つまり、科学といっても現実にはありえない理想的な条件を想定して、理論や法則はつくられています。それゆえ、自然にしても社会にしても、現実は理論・法則が成り立っている体系よりも複雑なため、現実は理論どおりに進むとは限らないのです。

そうなると、経済政策はどこかで**実験**してみなければわからないということになります。しかし、経済理論の実践である経済政策は、自然科学とは違って人間という複雑で不確実な存在を相手とするため、まったく同じ条件下で実験を繰り返せません。ある経済政策は理論的に正しいと考えられても、社会での実証性は乏しいわけです。

また、社会実験というほどのことではなくても、たとえば政府が全国的な政策として金融緩和を実施した場合に景気が回復しても、それは単なる景気循環かもしれませんし、海外の好景気を受けての成果かもしれません。つまり、実社会では実に多くの要素が複雑に絡んでいるので、経済の予測はもちろん、経済政策の因果関係を実証することは難しいのです。

しかし、一国単位での実験は難しいとしても、現代では少人数での経済行動や、そのグループ間での意思決定については、人間の非合理的な面も考慮した実験がかなり進んでいます。また国全体に及ぶ経済政策についても、金融政策と実際の経済動向の因果関係を実証する研究が進んでいます。最先端の経済学は、現実の膨大なデータを解析するなど、それまでの経済学よりも実態を反映したものになりつつあるのです。そうした研究の蓄積から、経済のあり方は変わっていく可能性もあるでしょう。

第4章

近代政治

本章のポイント

☑政治学は、権力、伝統、保身、外圧、ナショナリズム、メディアなど、人々を動かすメカニズムを探る。

☑火器は国家の身分秩序を変え、国家の集権化をも促したが、現代ではこうした国家像が一部で崩れている。

☑公共財は政府が担うべき分野である。

☑近代は市民社会であり、現代は大衆社会だ。

☑現代では政治の起点は議会であり、議員は国民の代表として税の内容と使い方を決める。

☑社会の安定には人間の性質に見合った現実的な政策が必要になる。

☑各人の理性観や人間観は政策姿勢に大きな影響を及ぼす。

1 国家という枠組み

政治と国家

政治とは、人間の権力的なやり取りや、そこから生まれたもの（＝民主主義や官僚制など）のことです。

社会科学は社会という人と人との関係からつくられる領域を分析し、法学は人間同士のルールを、経済学は人間の経済活動を分析します。

そのようなルールや経済活動、そして人々の権力的なやり取りの中心にあるのが「**国家**」で、社会科学分野で頻繁に扱われます。

国家とは、領土と国民と統治機構（＝政府）を基礎とする集団のことです。

国家と似たような意味の言葉に**政府**があります。一般に政府とは行政権の中枢、あるいは立法・司法・行政に関する国家機関を指します。一方、国家は国家機関という意味に加えて、その領域を拠り所とする主権、さらにはその土地の歴史や文化、言語、それらを脈々と受け継いでいく心など、抽象的な要素も包み込む総体としてとらえられます。つまり、国家は形なきものということもできるのです。

国家の成立意識

さらに重要なのは、近代国家の領土や民族や文化は、古代から連綿と受け継がれてきたものであるか、それとも近現代の戦争や革命などを機に過去と断絶して生まれたものであるか、見解が分かれるということです。一般に古くから民族と領土の範囲が大きく変わっていない国や、君主制が続いている国では国家は連綿と続いているという意識が強いといえます。

一方、古くから領土の変化や民族の混在が激しい国、あるいは君主が廃位になった国では、国家とは古代から連綿と受け継がれてきたものではなく、近現代の戦争や革命を経て、それまでの歴史と断絶して生まれたという意識が強いと考えられます。

その典型が社会主義国です。社会主義とは、革命家やその政府によって資本主義の問題を根本的に克服しようとする立場のことです。社会主義国はだれかが経済を強く統制したところに成立するという点で人工的であり、さらに、それまで続いてきた資本主義社会を覆す形でつくられるので断絶的なのです。

ただし、客観的に見れば経済制度や領土・民族の範囲が大きく変化してきた国であっても、教育やメディアの力によっては、国家は連綿と続いてきたという意識を強めることができます。母国が由緒ある伝統を有しているという感覚が、国民の誇りと忠誠心をかき立てると考えられるので、それを利用して国民の意識を操ろうとする人たちが出てくるのです。これも近代の政治的な動きの一つです。

2 近代政治の流れ――集権的な国家

時代ごとの国家観

政治学のテーマには常に国家が関係してきます。すでに「国家」の定義を述べましたが、国家の類型や国家像にはいくつものパターンがあり、また抽象的な要素も多いので理解するのが難しい言葉です。

さて、そのような数ある国家像の代表格といえば、近代の主権国家です。それは集権的な色彩が強い体制としても知られています。古代の中国や中東諸国も集権的な色彩が強かったのですが、近代の集権化は軍事力の発達とつながりがあり、それは経済の興隆にも結びつきました。集権的な体制が成立した時期や集権の度合いは国家によって異なりますが、基本的には同じような過程をたどっています。

なお、国家はいかなる体制をとるにしても、そこに国民がいてこそ成り立つものであり、どの時代の国家体制も人々が推し進める改革や経済活動などに応じて姿を変えていきます。つまり、国家体制の性質や変化を知るには、時代ごとの人々の動きを知る必要があるのです。そこで近代の集権化に関わっていく前近代の職業軍人の性質から見ていきましょう。

火器の出現と集権化

前近代の職業軍人は弓矢や投石機を使ったこともありましたが、おもに剣や槍といった間合いの短い武具で戦っていました。中世において諸侯は自前の兵を持っていたこともあって、軍勢は中央だけでなく地方にも分散していました。戦地では農民が下級兵として多く差し向けられたこともありましたが、核となる戦力を占めていたのは専門的に訓練され、身分保障や土地保有の面で恵まれていた職業軍人でした。

しかし、中国から火薬が西欧に伝わり**火器**が実用化されると、一九世紀には都市部の存在感がいっそう増しました。なぜなら工場が鉄や軍需品を生産するためには、労働力が多くインフラが整っている都市部が効率的だからです。

また近代軍の編制には火器や軍艦はもちろん、兵への俸給や教育、基地の設営など費用がかさみます。これは地方の一領主が担うには無理がある規模です。つまり、前近代では訓練と兵法の工夫次第で地方の領主も強い軍勢を編制できましたが、近代では資金の豊かな都市部を含んだ国家しか強い軍隊を編制できなくなったのです。

このような状況の下、国家が他国との競争を勝ち抜くには、政府は都市開発と産業振興に力を入れたり、資源を広い範囲から都市部に集めたりする必要があります。それが顕著になった時代が、火器の威力がひときわ強くなった一九世紀でした。火器の出現は兵法を遠距離砲撃中心へと変えただけでなく、経済の興隆や、集権化にも結びついたといえます。

近代の平等観と国民軍の創設

また火器の扱いとその戦術の難易度は、剣術や騎馬術に比べるとやさしいので、兵士は大衆から大量に動員されるようになりました。近代の国防は大衆で構成された**国民軍**が担うようになったのです。なぜなら剣や弓を携えた職業軍人一〇〇名より、火器を携えた大衆一〇名の方が強いからです。

さらに火器の出現は近代の**平等観**や身分秩序にも影響を与えました。それまでは武具を扱える職業軍人が強く、権威を持っていたわけですが、操作が簡単な火器を使えば、農民でも職業軍人を一瞬にして倒せるようになったからです。つまり、近代における平等観と身分制の撤廃は農民が職業軍人と能力的に対等になったことと関連があるのです。このことによって政府は職業軍人を特別扱いする必要がなくなりました。

義務教育制度の誕生

そこで重要になってくるのは、大衆を軍人として動員するにはメディアや公教育の力が欠かせないということです。若いうちから国家全体のために戦うという忠誠心を養うために、彼らを幼い頃から教化する必要があるからです。

たとえば、近代の大衆は印刷物や公教育を通じて、内外の事情をだれもが同じように把握できるようになりました。そのため、たとえば東京と鹿児島という離れた土地に住む人々の間でも、メディアを通じて同じニュースを共有することで「我々は同じ日本国民だ」という同胞意識を持つようになりました。現代でも使われている国旗や国歌にしても、それは古くから自然に受け継がれてきた伝統というより、近代で権力者が国民の愛国心と統合を促すために生まれたものです。この点、前近代ではメディアや地理情報が乏しかったので、当時の人々には主君や教区への帰属意識はあっても、国家全体への帰属意識は薄かったはずです。

そして一九世紀後半の先進国では**義務教育制度**が始まり、公権力が初等教育にも強く介入するようになりました。公権力が介入してきた背景には、かつてフーコーという哲学者が述べたように、方策次第で規律に従順な主体を量産できることと、子どもに愛国心と競争心を植えつけることができるということがあります。

たとえば、小学校が児童Kを規律の厳しい環境に慣れさせれば、Kが成長して工員の仕事に就いたとき、その上司はKを従順な人材として利用できます。学校が子どもに規律を身につけさせれば、そこから成長した人間は自主的に規律ある行動がとれるのです。

さらに公権力が教育に介入すれば、政府にとって都合のよい内容の歴史や思想を無垢な子どもに教え込むことができ、学校をランクづけすれば、国民は高学歴を求めて全国的に競うようになり、自ら能力を高めようとします。つまり、公権力が初等教育に介入することで国力の増強に有用な人物が育ちやすくなるのです。こうした方策は子が成長して入社するときに有益だと政府や企業は考えています。

現代の教育では、従順さや単純な反復能力だけでなくコミュニケーション能力や自発的な実行力も重んじられていますが、義務教育制度は、宗教の力がやや弱まった時代に、政府にとって有用な国民を養成するために始まった面が強いことも見逃せません。

領土の統合と拡大

また近代国家は資源を広く集めるべく、少数民族や諸地域（領邦、藩、離島域）などを統合しました。国家は、領土が広すぎると地方をしっかり治められなくなりますが、あまりにも小さいと経済や軍事力の規模までも小さくなってしまいます。とくに近代国家は、それなりの領土と人口と経済力を持っていないと、軍需品を効率よく製造したり国民軍を動員したりできません。そのため、近代国家が自国を防衛したり経済を成長させるには、少数民族が住む地域や、軍事と資源採掘と貿易の要衝となりうる離島・海外の湾岸域なども統合して、それなりの領土を確保する必要があったのです。その動きは近代でとくに進み、現代でも当時の列強の**海外領土**がいくつか残っています。

そうした地域で現代まで続いている少数民族の問題は、おもに少数民族が慣習や地理の違いから差別的に扱われることにあります。もっとも、その問題を解決すべく少数民族が独立したとしても、それによって彼らの経済力や軍事力が弱くなれば、彼らの幸福度は独立前よりも下がってしまうかもしれません。少数民族の問題は簡単には解決できないのです。

国家と民族意識

このように近代国家は資源を広く集めることを基本路線としてきました。とくに国民・人材は国家の資源の中核を成すため、政府は彼らを教化してきました。しかし、人間は教育を受けても解消されない複雑な民族意識（＝人種・文化・母語・待遇・歴史観・出身地域などに基づく意識）を抱えていることがあります。このことによって多くの民族が近接している国家ではそれらが頻繁に問題化します。

これについてはルワンダ内戦が有名です。この内戦は、かつてのベルギーが植民地政策の中でルワンダ地域の住民を不当な形で二つにわけ、片方の民族ばかりを優遇したことが一因となりました。そこには同じ人種でありながらも、待遇の違いから蓄積された激しい憎しみが働いていたのです。

また、かつての西欧列強は中東やアフリカの領土を地図上で機械的に分け合いました。それは同じ民族を分断したり、異なる民族を同一の領域に区分するなど民族や宗教の一体性を考慮しない機械的な分割だったため、現代の中東やアフリカでの紛争の原因となっています。

このような同じ人種間での待遇や思想をめぐる争いは珍しくありません。そうした事情を考えると、民族というものは意識的な要素が大きく作用しているといえます。もっとも、だからこそ、たがいの国籍や意識が同じであれば、現代のサッカーのナショナルチームにも見られるように異人種間で団結できる可能性もあります。しかしながら、思想や境遇が大きく異なる人間同士が同じ国家で生きていくのは難しいのが現状です。

近代に始まった主権国家という枠組みが現代まで保たれているのも「民族意識が違いすぎる人間同士が同じ国にいると争いが起きるからたがいに干渉しない方が平和を保てる」とか「国境がなくなると豊かな国への移民が大発生し秩序が乱れる」とかいう考え方が根強いからです。つまり、人間と野生動物が棲み分けるように、人間同士も棲み分けないと秩序を保てないということです。

ナショナリズムと国民国家の誕生

これまで見てきたように、近代は、国力を高めるために、それまで地理的にも身分的にも離れ離れにあった人々の意識がまとめられていった時代です。たとえば、政府は国民の統合を図りコミュニケーションを円滑にするために、**標準語**を取り入れて言語も均質化していきました。標準語とは、全国民にとって共通となる言語で、多くは大都市の言語が標準語の土台になります。

現代の国営放送や全国紙がおもに使う言葉は、国内のどの地域の人にも通じる標準語です。国民やメディアは標準語の使用を法的に義務づけられていないとしても、地方の人々は標準語をたびたび目にしたり耳にしたりすることで、国家全体や首都を意識せざるをえません。

また、政府が感情的に反応しやすい国民に対して愛国心や**ナショナリズム**（＝国家の独立や発展を強く意識すること）を煽れば、軍人だけでなく、一般市民の献身的な協力が得られます。

これに対して前近代の人々の意識は、その土地の言語や文化など自然発生的なものに基づいていました。また国力は、世襲的な特権階級の財力や執政能力、職業軍人など国家の上層部そのものであると見なされていました。

一方、近代国家は広範囲から資源を集め、国民を戦略的に教化し、とくに都市部で資源を効率的に運用して強大な軍事力と経済力を得ました。また全国のエリートの力や、国民軍を中心とした軍事力、国内総生産、科学技術力、さらにはそれらの水準を決定づける教育も国力と見なすようになりました。

ここに民族の意識が身分や地域の違いを超えてまとまり、同質的な民族の意志によってつくり上げられていくという**国民国家**（＝nation-state）が出来上がったといえます。

変わりつつある近代の集権的体系

しかし現代では、近代型の集権的体系が一部で崩れ、あらゆる資源の国際的な奪い合いに発展している面もあります。たとえば、日本で生まれ育った人材の一部は日本だけに貢献することなく海外や国際機関にも流れていますし、日本にとって有益な外国人を集める政策も行われています。また、義務教育は国家による独占事業といえますが、戦前ほど教育内容は統制的ではなく、たとえば東アジアではインターナショナルスクールへ通う生徒が増加傾向にあります。

さらに富裕層の一部や非合法組織は節税やマネーロンダリング（資金洗浄）のために**タックス・ヘイブン**（＝租税回避地域）に資産を逃がしているといわれています。現代では、あらゆる資源は世界中を自由に動き回れるようになったため、先進国も資源を自国にのみ止められず、より魅力的な方に流れやすくなりました。

また冷戦期は、地方が左傾化して中央の体制を脅かすと考えられたために多くの国で中央集権的な体制（＝首都中心の体制）がとられていました。さらに二〇世紀後半の国際社会では、「世界の警察」としてアメリカの軍事力が突出していました。しかし現代では、アメリカの存在感が相対的に下がるとともに、やや地方分権的な体制（＝大都市が国内でも国際的にも競う体制）が目指されるようになっています。

3 政府と秩序

混合経済──政府の役割

一般に資本主義国では経済活動全般が自由です。しかし、自由すぎる経済体制は、いわゆる**トラスト**や**カルテル**[※9]など、むしろ大企業の市場支配を許し、そのような事業者が行う不公正な取引や不当廉売は多くの中小事業者をつぶしてしまいます。また大企業のみで成り立っている市場では、競争が停滞した末に消費者は粗悪な商品や非合理的な価格を押しつけられてしまいます。よって、消費者にも有益な秩序を実現するためには、自由競争を促す法が必要とされるのです。

また、経済運営は市場経済にのみ任せていると、不公平や環境問題が生じやすくなります。たとえば、環境対策に費用をかけている企業と、そうではない企業が自由に競争すれば、後者の方が環境対策に費用をかけていない分だけ有利です。つまり、この場合、政府が環境負荷を減らすためにインセンティブのある政策を実施したり、環境対策を講じていない企業に多く課税することが望ましいのです。

公共財も政府による運営が必要な分野です。公共財とは、多くの人が共同で利用できるとともに、対価を支払っていない人を排除できない財・サービスのことです。そもそも経済学的にいうと、通常ある人が何らかのサービスを利用した場合、その利用者は利用度に応じた対価をサービスの運営者に支払わなければなりません。しかし、たとえば灯台の利用者は船や飛行機など多岐にわたるので灯台の運営者は対価を個別に徴収しにくいものです。それゆえ自らすすんで灯台を設置・運営する私企業は現れにくいので、灯台は政府が税金によって運営する方が効率的です。この種の財・サービスとして、他に道路（有料道路は除く）や警察などが挙げられます。

ちなみに、もし警察の運営が市場経済に委ねられると（＝警察が完全に民営化されると）、

※9　トラストとは、複数の企業が自由競争を避けて独占的な利益を得るために結合すること。
カルテルとは、複数の企業が利益を守るために価格・生産量・販売地域などに関して協定を結ぶこと。

彼らは採算がとれる分野・地域でしか活動しなくなるか、十分な資金を集められずにつぶれてしまいます。これでは治安が悪化しますから、警察の民営化はかなり難しいのです。

官と民が税金を介して各々の性質に適した分業を行っているように、近現代は**複層的な分業社会**だといえます。このように私企業が市場経済の中で活動する一方で、政府が公共部門（＝私企業が担いにくい部門）を担う体制を**混合経済**といいます。

社会契約説

国家（とくに政府）が秩序をつくるという点は、ほとんどの人が同意するかもしれません。もし、国家が存在しないとすると、秩序がきわめて不安定になりますが、国家の統治機関に政治運営を委ねることで治安や権利の保障が安定すると考えられているからです。

これに関して、政治学には**社会契約説**という国家が存在する以前の状態（＝**自然状態**）を想定した理論があります。なかでもホッブズという思想家は著書『リヴァイアサン』の中で、自然状態では人間は無制約に**自己保存**を追求すると述べました。自己保存とは自らの生命を守る行動です。自己保存は、あらゆる生物に共通した行動であり、生物として疑いようのない本能です。

ホッブズの社会契約説について注目すべきは、自然状態では各人を縛る法や、法を強制するだけの公的機関がないため、人間は利己的に自己保存を追求すると見なされたことです。

ホッブズは、各人が無制約に自己保存を追求すると、各人は他者の無制約な自己保存の追求をおそれるため、たがいを信用しなくなり、社会は戦争状態と化すといいます。

一方、現代では人々は実定法や義務教育によって規範づけられているので、簡単には横暴な行為に及びません。つまり、現代人の多くが節度をもって行動できるのは人間の生来的な理性だけでなく、義務教育や刑罰などによるということです。

ホッブズが無制約の自然状態を想定したのは、戦乱状態にあった一七世紀の西欧を観察したからだといわれます。そこで各人は無秩序な自然状態から脱すべく、理性に基づき他者と協定を結んで共通の権力を定め、そこに自然権を委ねるといいます。共通の権力とは、人工的につくられたコモンウェルス（＝共和国・公共の福祉）を意味します。各人は争いに満ちた不安定な自然状態に止まるより、理性に基づいて他者と協定を結び、皆の共通権力に統治を委ねた方が安全だというわけです。

この統治に関しては各人共通の権力に委ねず、人民同士の信約（＝契約や約束）に委ねるという方法もあります。しかし人民同士の信約では、ときとして不履行が生じて信約が無効となるために、履行を強制するのに十分な共通権力が必要とされます。だれかが不履行に及んだ場合に、強大な共通権力から厳しい処罰を受けるという恐怖があってこそ、統治は正常に機能すると考えられたのです。

ホッブズの著書のタイトルである『リヴァイアサン』とは旧約聖書に登場する怪物のこと

でコモンウェルスの比喩になっています。これには、身勝手な人間はリヴァイアサンという各人共通の権力をおそれることで従順になり、信約を履行するという意味合いが込められています。

被治者の大多数はこの論理が腑に落ちないとしても、自然状態で暮らすよりも共通権力に服すること、すなわち国民になることを選ぶでしょう。国家が存在しなければ、警察や外交などの便利な基盤もなくなって自己保存が危ぶまれるからです。

しかし、社会契約説はホッブズ以外の著作も含めて、一部の思想家がつくり上げた理論的なフィクションにすぎません。実際、国家の設立や運営に関して国家と契約を正式に結んだ国民はいないでしょう。また、自然状態がホッブズが述べたほどの激しい戦争状態だったとすれば、はるか昔の時点で人類は死に絶えていたと反論することもできます。

以上を踏まえると、人間は個人レベルではいくらかの利己心を抱えながらも、集団としては共通の目的に向かって群れをなす感覚や利他心も兼ね備えているといえます。

4 近代以降の統治機構

国家の正統性

一般に近代国家は合法性を根拠として統治されます。これは前近代の国家の正統性がおもに伝統に基づいていたことと対照的です。

いずれにしても統治は、時代を問わず、統治者の権力と支配を被治者が正統だと認める必要があります。そうでないと統治の実効性が乏しくなるからです。

また近代の政治は法に背いてさえいなければ悪政も許されるため、国民による監視が必要であり、責任者は説明責任を果たさなくてはなりません。国民による監視にはそれなりの知識が欠かせないため、近代の政治は高度だといえます。

一方、前近代の秩序形成においては国家の法規範よりも、村落共同体の慣習や戒律、身分関係から生じる拘束力の方が大きな影響力を持っていました。たとえば「村人は約束を破ると村八分にされるから約束を守る」とか「〇〇教の教義は絶対だから寄進に励もう」とか「身分が上の人には逆らえない」などというものです。これは前近代では人々の行動範囲は狭く、たがいに顔見知りで同質性が高かったため、統治は村の慣習や身分関係に頼るだけで事足りていたからです。裁判も古代では主として神意や呪術に基づいて行われ、中世ヨーロッパでは動物までもが裁かれていました。

消極国家から積極国家へ

そうした古代から中世を経て帝国主義の風潮が高まった頃、すなわち一九世紀の先進国では、政府の役割はいわゆる消極国家（＝小さな政府）として国防や司法など狭い範囲に止まるべきだと考えられていました。そのため、貧困救済の多くは慈善事業によって賄われていました。こうした国家観の下、なおも資本主義が無制約に発展すると、各国で社会主義運動や労働争議が盛んになりました。一九二九年に世界恐慌が起きると、政府が経済に積極的に介入して、それまで切り捨てられていた弱者も救済するようになりました。

さらに近代国家は**男女普通選挙**（＝身分や納税額、性別によって選挙資格を制限しない選挙）の実現によって、すべての成人が政治に参加できる体制へと移りました。それまでの近代国家では、納税額の多い人や国防に貢献している男性を優遇すべきだという考え方から、選挙権は資産家や一部の男性にしか与えられていなかったのです。

普通選挙が確立してからの政治は、衆愚政治と評されることもありますが、参政権が大衆（＝この場合は成人一般）に広がったことで統治の正統性が高まったといえます。とくに両大戦後の先進国では、政府は戦争で貢献した国民に報いて、また国民や外国から要求された改革として民主的な権利を認めていきました。市民社会は、近世の市民革命と、一九世紀からの普通選挙運動と、そして二つの大戦における戦勝国中心の戦後改革を経て**大衆化**したのです。

また、自由度が高すぎる資本主義は大恐慌や大戦を引き起こしてしまうと考えられたため、資本主義にもそれなりのルール・計画性や社会権、国際的な協調性が必要だとされました。国際的な協調性とは、各国が協調して国際機関を設立し、その機関が自由な通商を確保することで国家間の対立をいくらか抑えるというものです。なぜなら、第二次世界大戦の遠因は為替レートの引き下げ競争や輸入制限など国際経済の閉鎖性にもあったからです。

さらに第二次大戦後の先進国は、戦後の復興が進むと**福祉国家**（＝大きな政府、積極国家）となり、福祉政策に力を入れるようになりました。政府は富の再分配のために高い所得を得ている国民や企業には高い税率を課し（＝**累進課税**）、それによって得られた財源を、社会保障制度や公共事業などを通じて中低所得者に行きわたるようにしたのです。このように国家が資本主義体制をとりつつも、裁量的政策や福祉にも力を入れる姿勢は**修正資本主義**と呼ばれます。そのため政治家は自らの支持勢力の利権を守って、さらなる利益誘導を試みるなど議会は利害配分に関する戦いの場と化しました。

また消極国家観の下では、行政は最低限の業務を行うことだけに止まっていましたが、資本主義と積極国家観の進展に伴って大衆からの要求も増えたために、国家の任務と財政負担は膨れ上がりました。

行政国家

国家機関は**三権分立制度**の下、たがいに抑制・均衡して権力濫用を防いでいますが、その慎重さゆえに判断も遅れがちです。とくに議会は情報収集能力が限られており、さらに議員個人の不祥事もたびたび生じるので、法案を策定・可決するまでに時間がかかる傾向があります。また議会は、自らの選挙結果と利権ばかりにこだわる議員や、タレント政治家など能力的には素人ともいえる者も抱えるため、国民の信頼も乏しくなります。専門性や人数、機動力において劣る議会に対して、国民は様々な面で行政を頼るようになりました。

このように行政の比重が増した国家を**行政国家**と

図17　日本の三権分立

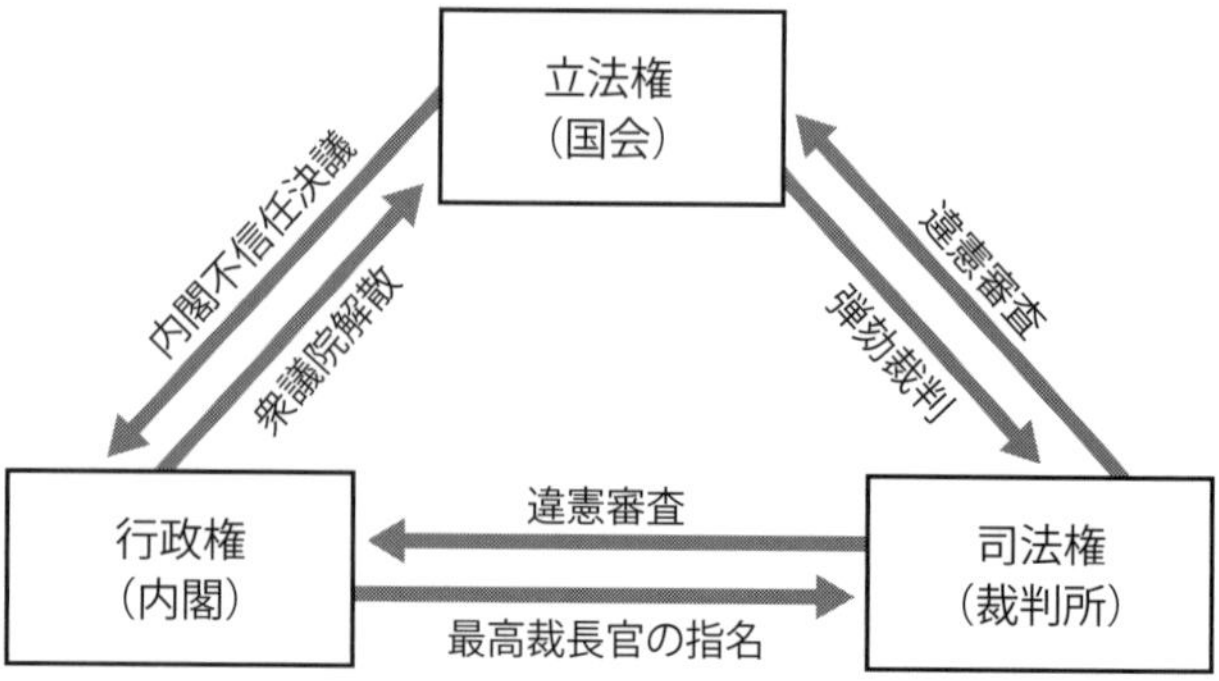

いいます。これは行政が、どのような委任立法を行うか、申請を許認可するか、違法業者を処分するかなどが重要になったということです。

さらにいうと、現代の行政府は、行政の人員と権限の拡大とともに、裁量的に動く場面が多くあります。たとえば、警察が道路交通法の違反者を完璧に取り締まることは人員や費用の面で無理があるので「一二月は○○強化月間」などと称して裁量的に（＝ある月は他の月よりも重点的に）取り締まることが普通です。

ただし、現代は行政府の比重が増しているといっても、行政府が活動する際の基準となる法律の大枠をつくる（＝行政を事前に縛る）のは立法府です。つまり、立法府がつくった政治の大本となるルールを超えて、行政府が活動することはできません。

市民社会とは

以上のような近代以降の公的任務の増大と行政国家化は、裏を返せば、君主の弱体化（象徴化）と国家の共和政化が進んだことを意味します。この動きは市民階級が台頭した市民革命期に端を発しました。

近代が**市民社会**の時代と呼ばれるのは、市民革命を機に君主が廃位されたり、あるいは君主の権力が弱められたりしたことで市民の政治参加が進んだからです。世襲的な君主になるには生まれつきの血統にめぐまれる必要がありますが、現代の議員や官僚、はたまた首相や知事・大統領になるには後天的な実力次第で道を切り開けるのです。
ちなみに**市民**とは、英米仏での市民革命の時代に勢力を伸ばしていた商人や資本家（＝ブルジョワジー、中間層）を指していました。なお現代の日本で「市民」とは政治に参加する人、あるいは住民という意味合いになります。

租税法律主義

現代の大陸法系の行政国家では、議員よりも官僚の権限の方が実質的には強いといわれます。しかし、建前としては、議会は他機関よりも優位とされています。

その議会の歴史を紐解くと、まず中世の西欧では、議会は身分制議会として国王による課税を承認するための機関と位置づけられていました。そして近代では議会の身分制は取り払われ、一九世紀の先進国の議会には名望家がいる一方で労働者の代表者も政界に進出し始めていました。彼らは同じような志を持つ人々とともに政党を自発的（私的）に結成し、法律を制定していきました。

その議員への信託を問う機会が選挙です。被治者にとって選挙とは、自分の代わりに議会で意思決定する人を選ぶことです。近代の議員、とくに代議士は、理念としては特定の身分や自治体を代表する者ではなく全国民を代表する者です。議員は支持者の信託の下、議会で支持者の意見を代弁し、法案や税の内容を審議・決定します。これをもとに国家は運営されるのです。

この租税は、考えようによっては政府が私人の自由な経済活動を強制的に妨げ、私有財産を侵すことだといえます。その意味では租税は資本主義と相反します。そこで、その矛盾を調整して少しでも有益な福利を実現するために、租税の賦課・徴収は国民の代表機関である議会を通じて定められた法律に基づく必要があるのです。このような民主的な課税体制（＝恣意的な課税を許さない）を**租税法律主義**といいます。

「代表なくして課税なし」――アメリカ独立革命の争点

とくに近代の欧米では、税負担と議決権について激しく争われました。その一例として**アメリカ独立革命**が挙げられます。

一八世紀後半、アメリカがイギリスの植民地だった時代、アメリカは本国議会に代表者を出すことが許されていないにもかかわらず本国から一方的に課税を宣告されたため、独立戦争に発展したのです。要するに、当時のアメリカの言い分は「我々に課税するなら本国議会は我々の代表を受け入れて承認を得るべきだ（＝「**代表なくして課税なし**」）。それができず一方的に課税し続けるのなら我々は本国から独立する」ということです。

このときのスローガンになった「代表なくして課税なし」は、イギリスのマグナカルタに起源を持つものです。アメリカには君主がいませんでしたが、植民地の市民が君主国であるイギリス本国に逆らう形となったため、アメリカ独立革命も市民革命の一つと見なされます。この革命もイギリス革命とのちのフランス革命と同様に、税負担が大きな争点になりました。不当な課税や税のおかしな使い方は争いを生むのです。

いつの時代でも徴税は政治機構が整えられ、政治や税の使い道が信頼されていなければ成り立ちません。また、安定した税収は貨幣価値の安定につながり、それなくして国防や公共事業といった国家の中核的な活動は成り立ちません。だからこそ、税の内容と使い方を決められる近代の議会は重要だと見なされるのです。

官僚制

さて、議会も重要ですが、近代の官僚制も行政の屋台骨として欠かせません。行政のおもな役割は、議会が定めた法律と目的に基づいて業務を行うことです。官僚とは役人のなかでも国政に携わるクラスの幹部職、あるいはその候補にある人たちです。官僚制は組織が業務を合理的に遂行するための制度です。官僚制そのものは前近代にもありましたが、近代の官僚制は経営学的な合理性を取り入れたという点で、前近代のそれとは区別されることもあります。

近代の官僚制では、まず法律によって官僚の職務と権限がはっきりと定められ、組織の形は階統制とされました。階統制とは、役職の明確な序列と一元的な指揮・命令系統を特徴とする組織です。また官僚の職務では文書による伝達と、公私を分けて仕事をすることが求められます。このような特徴は民間企業（とくに大企業）でも見られます。

官僚制には以上のような特徴がありますが、いくつかの欠点も指摘されます。まず公務には守秘義務が課せられるとあって組織は基本的に隠蔽体質であり、ひとたび組織が出来上がると、官僚は保身のために組織の縮小や解体を妨げようとする傾向にあります。また、職務や権限が法律によってはっきりと定められているがゆえに、官僚は融通が利かないことも指摘されます。

しかし、官僚は政治家と違って選挙という洗礼を受けないため、選挙前の政治家が触れたがらない緊縮財政のような不人気政策や、現世代が先送りにしたがるような環境問題を訴えることができます。それゆえ、官僚は国民から嫌われることもありますが、官僚そのものは近代国家の運営にとって欠かせません。

官僚制と法・政治の関係

官僚は議員とは異なる役目を宿命的に担っています。そのような官僚と議員とでは選抜方法も異なります。よく知られているように議員になるには選挙で選ばれる必要があり、官僚になるには、基本的には筆記試験を経る必要があります。官僚候補者には筆記試験が課せられない場合でも、専門的な資格や職歴が必要とされることがほとんどです。つまり、議員になるには制度上は高い能力が求められませんが、官僚にはそれなりの能力が求められるのです。

なかでもフランスと日本は大陸法と中央集権と強い官僚制を採用しており、以前からトップの高等教育機関と中央省庁の間に太いパイプがあることが特徴です。その卒業生の能力を連携的に生かし官僚の裁量を広く認めることが、近現代での国力の増強にとって有効だと見なされたと考えられます。

つまり、政治家よりも頭の切れる官僚が立法府をリードしつつ、法令と予算案と政策の策定を実施することが是とされているのです。官僚志望の学生も、中央集権・国家の中核的な政策に携われること・広範な許認可権など、その裁量の大きさと厚遇にやりがいを見出すといわれています。

この点、制定法よりも判例法を尊び分権的な体制をとる英米では、官僚の権限は弱いといえます。官僚は制定法の策定には携われますが、裁判の積み重ねから形成される判例法の確立には携われないので、判例法が強い国家では官僚の権限や権威が下がるのも当然です。また英米で官僚が弱いのは、伝統的にエリート学生の民間志向が強いことや、筆記試験が重視されていないこと、さらに英米における行政の高級管理職は専門的な能力を持つ民間人から裁量的に選ばれることも関連しています。つまり、法と政治体制と官僚の任用体系にはつながりがあるのです。

法と経済と政治の関係

　これまで述べたように大陸型の体制は、中央集権、制定法中心、司法権が弱いこと、官僚の権限が強いことを特徴とします。一方、英米型の体制は、地方分権、判例法中心、司法権が強いこと、官僚の権限がさほど強くないことを特徴とします。

　さらに、これらの点について、最近では前者よりも後者の方が経済成長率は高いという研究成果も出ています。つまり、中央集権や地方分権は政治的な要素で、制定法や判例法は法的な要素ですが、その組み合わせや経済の規制度合いによって経済成長のあり方も変わるということです。また哲学との関連で、大陸型の政治は法や経済を強く特定の型にはめますが、英米型の政治は法や経済を大陸型ほど強く型にはめない傾向があります。法と経済と政治は関連しているのです。

　また歴史的にいうと、積極的な航海・開拓や市民革命（商工業者の蜂起）から発展した自由主義的な経済の欧米では、「小さな政府」を目指す保守政党が常に一定の支持を得ています。

図18　英米型の政治体制と大陸型の政治体制

	第一法源	中央集権か地方分権か	政府の国民への姿勢	権力バランス
英米型	判例法（帰納的）	分権的	やや放任的	司法権が強く官僚が弱い
大陸型	制定法（演繹的）	集権的	やや統制的	官僚が強く司法権が弱い

民主主義体制とその欠点

欧米人の積極的な精神は政治体制と政治教育にも表れています。たとえば、欧米の学校ではシチズンシップ（＝市民性、公民権）教育といって、積極的な政治参加と実践が重視されています。そのためか、政治的なデモの発生率と参加率が高いです。そのような国民の自由な政治参加をもとに統治される体制を**民主主義**といいます。現代の国家の一定数は民意と法に基づいて治められる民主制ですが、古代においては神の意思に基づいて治められる神権政治が主でした。要するに民主主義は各人の自由な権力行使を重んじた秩序で、神権政治は神中心の秩序なのです。

ですから、民主主義が生まれたのは、政府が各人の自由な意思を重んじるようになった近代のことだといえます。それゆえ近代の政治には、政府は多数派だけでなく少数派の意見にも配慮し、合意を穏やかに形成すべきという理念があります。

政権交代に関しても、前近代では武力闘争が生じることが数多くありましたが、現代の先進国では有権者が選挙を通じて穏やかに行えるようになりました。

ただし、現在多くの国が採用している民主主義は万能ではありません。実際、民主主義体制では多数派の意思と目先（現世代）の利益が優先されやすく、それは望ましい結果をもたらすとは限りません。さらに法案の審議においては、広く国民の声に耳を傾けるべきとされているため、意思決定に時間がかかるのです。

5 秩序を維持するための政治

力に基づく政治

政治には大きく分けて二つの面があります。一つは人々（とくに自国民）に優しく働きかけて福祉や平和を実現することです。もう一つは、法に則りつつ強制力をもって政治的目的を実現させることです。残念ながら世の中には他者に優しく働きかけるだけで解決できない問題もあります。それを解決するための組織が軍隊と警察です。

現代の警察は国内の治安維持を担い、軍隊は国家の独立を守るために外国勢力からの脅威に備えて活動します。一般国民の生命や公私双方の財産を守り、そして**国家転覆を防止するため**、武力を独占的に集約した公的組織が必要とされるのです。政府も領土と国民の安全を確保し、その対価として国民から税を徴収します。

一方、理想主義的な観点からは、警察や軍隊は廃止すべきものといえます。しかし、警察や軍隊を廃止して犯罪や戦争をなくすという論理は、実社会ではきわめて通じにくいでしょう。世界に人間がごくわずかしかいなければ、警察も軍隊も必要ないかもしれませんが、多くの人間がいれば、どうしても争いが生じるからです。それならば争いの発生を前提として、国家が武力を独占的に集約した組織を持ち、その組織に争いの種を早期に摘ませる方が合理的です。実際、軍隊を保有していない国は少なく、また軍隊が廃止された国でも警察が軍隊並みの武力を持っていたり、他国の軍隊に国防を任せていたりします。

ただし、武力の保持と行使には合理性があるといっても、現代では国内法でも国際法でも無制約には認められていません。武力は、使い方を誤ると国家の破滅や転覆につながる危険な力でもあるため、兵器の威力が増した時代では適切なコントロールが必要なのです。

シビリアン・コントロール

とくに現代では、政府と国民が軍隊に制約を課す手法として**シビリアン・コントロール**(＝文民統制)が定着しています。文民とは、軍人ではない人のことで、この場合は国民の代表者である政治家を指します。つまり、シビリアン・コントロールとは軍隊が文民(その最高指揮官は大統領や首相など)の指揮下にあることを意味します。

たとえば、軍事力の行使は専門家(＝この場合は軍部)だけの意思決定に基づくと、ときに暴走することがあるので、非専門家である国民が政治家という代表者を通じて軍隊に歯止めをかけているということです。その意味ではシビリアン・コントロールは民主主義的な制度であり、これを下支えするものとして議会による法令と予算決定が挙げられます。

こうして軍隊は文民に従っている限り、戦争を勝手に始めたり、クーデターを起こして政権を強奪することができなくなります。むろん、政治家の意思次第では軍事力をいろいろと行使できてしまいますが、制度としては政治（意思決定）と軍事（現場）を分離する必要があるということです。これは、前近代の武将が軍人でありながらも政治的権力もふるっていたことと対照的です。

情報公開と秩序

一方で、近代資本主義国家は秩序を維持するために治安情報や雇用情勢を正しく公表します。この背景には、人間の性質からいって、政府がどんなに努力しても犯罪や失業を根絶することはほぼ不可能なので、犯罪や失業の発生を前提にして政治を運営する方が現実的で安全だという考え方があります。

ところが社会主義政権は、国家の体裁を保つために、殺人を単なる事故死として扱ったり、統計や報道機関を統制するなどして起きたはずの犯罪を起きていなかったことにする場合があります。その結果、国民は嘘の報道によって警戒を怠るため、一部の犯罪者にとって犯罪の遂行が容易になってしまいます。社会主義国の恐怖政治は、むしろ国民の犯罪を減らすこともあるといわれていますが、凶悪犯への初期対応を遅らせてしまうこともあるのです。

失業についても、働いていない人は失業者ではなく社会不適合者だと決めつければ、実際には失業者がいるとしても、いないことにできます。これでは失業者が救済されないので、治安の悪化も懸念されます。社会主義政権は、犯罪者や失業者がいるという現実を国民に知られると、政府の権威が失墜するため、現実を認めないことがあるのです。むろん、資本主義国にも公権力によるデータの捏造や改竄はありますが、公権力の腐敗指数は一般に社会主義国の方が高いといわれています。

壮大なジレンマ

社会主義国は資本主義がもたらした痛苦を徹底的に避けるために築かれましたが、相次いで崩壊し、残る社会主義国の政治も腐敗しているか、改革の途上にあります。つまり、政府が労働者を強権的に管理することは無理があるので、政府は失業の発生を前提にして労働者を下支えする方が秩序の維持にはベターだったということです。

資本主義は**経済活動の自由**という大ざっぱな原理を基調としますが、社会主義の原理は、たとえば「労働者政権が経済を統制すれば失業や倒産はなくなる」というように論理的なものです。この論理性において社会主義思想は、苦しむ労働者の拠り所となるだけでなく多くの知識人をひきつけてきました。

しかし、社会主義は論理的といっても、その根っこにあるのは「今までの理不尽な政治を根本的に変えたい」とか「人権や正義は絶対不可侵」という感情です。そう考えると、社会主義は論理的というだけで片づけられるものではなく、現実にはほぼありえない理想社会を実現可能なものだと一神教のごとく信じて、人間の道徳観・本性に強く訴える体制ともいえます。

たとえば、社会主義体制をとっていたポル・ポト政権下でのカンボジアでは数百万もの人々が虐殺されたといわれていますが、この惨劇もポル・ポトにとっては社会秩序を築くために必要な善（＝潔癖すぎる正義）だったのかもしれません。フランス革命では理性を信じて反革命派を粛清していった勢力があったように、社会主義体制下でも、その理念を強く信じ込んでしまうと、その実現にとって少

図19　剣(力)を持ちつつ正義を秤にかけて統治する女神テミス(堤直美「テミス像」中央大学)

しでも邪魔になる者を粛清してしまうことがあるのです。

しかし、様々な思想の人間から成り立っている実社会では絶対的な正義は見出しにくいものです。したがって、第2章の冒頭で「**法はほどよい正義の実現と社会の安定のためにある**」と述べたように、社会の多数者が同意するほどよい正義は法として具体化するとしても、強すぎる正義はかえって社会の安定にとって危ういものといえます。

一方、秩序の維持には、政府は国民に「ある程度」の道徳や順法精神も身につけさせる必要があります。これは壮大なジレンマです。この場合の「ある程度」という理由は、道徳のような内面的であやふやな規範を絶対化すると、道徳観の異なる者同士での争いに発展することが危ぶまれるからです。それぞれの道徳観や考え方に対して、それなりに寛容にならなければ現代社会は機能しにくいのです。

6 政治を考察するために

政治運営の実際

さて、現代の政治は単なる理論的な正しさだけに基づいて運営されるわけではありません。たとえば、政策選択ではC案の方が理論的には優れていても、現実にはC案よりも有権者が喜びそうなD案の方に人気が集まることがあります。その典型がケインズ経済学です。ケインズ経済学は裁量という不確実な要素がありつつも、短期的な需要の増大と景気回復を目指す理論なので、政治家からも有権者からも人気を集めやすい傾向があります。一方、政策担当者の裁量を排除するとともに長期的で数学的な正しさを突き詰められるタイプの経済学は学界では評価されるものの、実際の政治では不人気です。後者の経済学は人間の個性や裁量という不確定要素を排除しなければ、説得力のある理論を構築しにくいので、実際の政治と方向がズレやすいのです。

このように政治は理屈だけでなく感情や感性に基づいて行われる面があります。したがって政策には、為政者のものの見方や世界観が反映されることが想像できるでしょう。

左翼の性質

公的分野の諸政策について意見が分かれる根本的な理由に、人々の**理性**のとらえ方や**人間観**が異なるということがあります。これは政治における左翼と右翼という立場の違いに見出すことができます。地域や時代を問わず、基本的に左翼（革新派）は理性を信頼し、右翼（保守派）はさほど信頼しない傾向があります。まずは左翼についてです。

法制面で左翼は、古い時代から受け継がれた法や慣習よりも人権や民主主義など理論的で普遍的に通用する法の方がよいと見なします。この背景には、古い時代の法や社会は野蛮であり、それを乗り越えるべく生まれた法や制度の方が尊いという考え方があります。彼らにとって人権や民主主義は、時代が進歩した結果生まれた普遍的原理なのです。

また左翼は経済面で平等主義的な体制を目指します。その典型が社会主義です。彼らは理性を信頼しているので、政府が経済を理論的に設計・統制すれば、皆が幸せになれると考えます。社会主義体制とまではいかなくても、現代でも左派政党の方が経済への介入と富の再分配に積極的です。

政治では、左翼は革新的な政策を志向するため、急進的で大掛かりな目標を掲げる傾向にあります。この根底には「人間の理性は素晴らしいのだから、綿密に練られた計画をもとに壮大な改革を推し進めれば、社会の矛盾が一気に解消され、理想社会を築き上げられる」というフランス革命以来の考え方があります。むろん、政策が大掛かりだと、それが成功したときも失敗したときも、その規模は大きなものとなります。

右翼の性質

次に右翼です。彼らは近代で論理的につくられた法にそれなりの理解を示しながらも、伝統的に受け継がれてきた自国固有の常識・慣習や法の方がよいと見なします。この背景には、伝統は特定の人間がつくり上げたものではなく、長い歴史のなかで人々の営みを通してつくられてきたから尊いという考え方があります。さらに神や英霊、君主といった理屈だけでは説明しきれない感覚的な存在に畏敬の念を抱く傾向があります。

このように右翼は、人権や民主主義など近代で普遍化した原理を左翼ほど重視せず、どこか疑っています。これは右翼にとって、たとえば人権は生得的というより、幼い頃からの成長とともに地域の慣習に沿った形で獲得していくものだと

図20　右翼と左翼の大まかな特徴

	理性について	改革への姿勢	経済政策	外交や国防	重視する価値
右翼	やや懐疑的	漸進的	成長路線 小さな政府	現実主義	伝統・地域固有の価値
左翼	賛美と信頼	急進的	所得再分配路線 大きな政府	理想主義	理性や人権など普遍の価値

いうことです。

また経済面では、計画経済型の社会主義国のように政府が経済をコントロールすることは無理があると考えます。したがって、右派政党は富の再分配よりも競争と経済成長を優先する傾向があります。

政治では、右翼は伝統を重視しつつ緩やかな改善を志向します。よって、右翼による改革の内容は地味であり、その進行速度は遅くなりがちです。しかし、改革の程度は緩やかなので、慎重な分だけ大きな失敗や混乱が避けられるという利点もあります。この根底には「人間の理性はさほど信頼できないのだから、人間は壮大な改革を一気に推し進めるよりも、伝統を尊重しながら社会を少しずつ変えていく方がよい」という考え方があります。ちなみに、この右翼の考え方は、保守主義者として名高いイギリス人バークの理論に起源があります。

右翼と左翼の違いは、根本的な人間観と理性に起因するため、両者はなかなか理解をともにすることができません。

左翼と右翼のねじれ

しかし、一昔前まではこれまで述べたような定義が通用したものの、現在では通用しにくくなっています。その主因にグローバル化が挙げられます。というのも、たとえばグローバル化が進むと、政府は政治経済に積極的に介入しないと、治安だけでなく自国固有の文化や慣習が脅かされるからです。これは、さきほど述べた右翼の傾向とは少し矛盾しています。政府による経済への積極的介入は左寄りの政策ですが、伝統を守ることは右寄りの姿勢だからです。むろん、経済の自由を優先してグローバル化を受け入れるという形も考えられますが、これでは伝統が脅かされてしまいます。

ところが、右翼が守ろうとする伝統にも、古代が起源の伝統もあれば、近世が起源の伝統もあります。また外国から伝わって出来上がった伝統や、一部の地域の伝統がのちに国家全体の伝統として認識されるようになったものもあります。ですから、古代に国家の伝統を求める右翼と、近世に国家の伝統を求める右翼とでは、同じ右翼でありながらも方向性が大きく変わってくることがあります。これでは右翼が主張する伝統の価値がわかりにくくなります。

一方、伝統的な左翼理論も、社会主義国が相次いで失敗に終わり、裕福な労働者も多く現れたため、その求心力は下がっています。さらに社会保障や人権が整っている国の現代の左翼には保守的な面もあります。もしかしたら、右翼と左翼という括りそのものが時代遅れなのかもしれません。

政治分析と類型化

他にも政治学は、エリートと大衆、マスメディアの担い手と受け手、民族、政党、利益集団、ステークホルダー（利害関係者）といった括りで人間集団を類型化します。

わたしたちが政治を分析する際にも、人々や組織を共通の性質や目的ごとに類型化してみると、政治の複雑な実態が整理されるでしょう。この種の分類は、法学における公（公人・公法）と私（私人・私法）や、経済学における生産者と消費者など、社会科学全般で重要です。

今日では、エリート像が多様化したり、マスメディアはインターネットの登場によってその担い手が広がるなど、事態は変わってきているものの、それでも一定の類型化は可能です。政治を漠然と見るのではなく、また色眼鏡で見るのでもなく、客観的に、そして時代に合わせて多角的に見つめれば、政治が今までとは違ったものに感じられるはずです。

図21　近現代における欧米中心の動き

時代
16世紀
17世紀
18世紀
19世紀
20世紀
おもな戦争
宗教戦争・三十年戦争
北米植民地戦争
ナポレオン戦争
第一次大戦 第二次大戦 冷戦の代理戦争
主権国家体制
近代法
おもな出来事
宗教改革
イギリス革命
ウェストファリア会議
フランス革命
アメリカ独立革命
ドイツ統一
明治維新
国際連盟設立⇒国際連合へ
植民地の独立
求められた権利
自由権（脱封建制・世俗化・脱絶対王政）
参政権（とくに普通選挙）
社会権
経済史の特色
大航海時代
第一次産業革命と第二次産業革命
主力産業
農業
工業
第三次産業
近代経済
資本主義とその方向性
重商主義
植民地主義
資本主義
帝国主義
修正資本主義
世界恐慌
大きな政府か
小さな政府か
社会主義
社会主義が盛り上がっていた時代
おもな経済学派
古典派
新古典派
近代経済学
シカゴ学派
ケインズ学派
マルクス経済学
近代政治
国家観
夜警国家
国民国家
行政国家・福祉国家
社会観
市民社会
大衆社会

あとがき

この五〇〇年ほどで人類は莫大な富や自由・権利を手に入れました。一方で、行きすぎた合理主義や環境問題が蔓延るようにもなりました。その結果、現代のイスラム圏では近代的な価値観に反発する勢力もあります。

近代の評価は人それぞれでしょう。しかし、現代社会が抱える深刻な問題が、近代の成り立ちや社会科学という学問と深く関連していることは間違いありません。その意味では、今を生きる人が、近代社会と社会科学の基礎を理解しようとすることには価値があります。皆が近代社会と社会科学への理解を深めれば、「近代」が生み落とした「現代」の問題も解決に近づくように思います。

ただし、社会科学の知識を活かすには少々のコツが必要です。たとえば、政治学には安全保障や保守主義といった用語がありますが、これらを暗記したところで政治を予測できるとは限りませんし、一個人に政治を大きく動かすほどの権力はありません。これは膨大な数の条文と判例とともにある法体系や、流動的な数値（＝価格や為替レートなど）を扱う経済体系にもいえることです。法や数値を覚えるだけで、社会を変えることは不可能です。

しかし、本書で示したような基本的な原理と用語を学び、それに沿った思考方法を身につけることはさほど難しくありません。この場合の思考方法とは、たとえば、ある法律問題について直接規定した条文が存在しないとしても、他の条文・判例をもって既知の解釈や学説を論理的に当てはめて解決するようなことです。

またニュースで失政を目にしたら、それ以前の失政や他国の失政との共通点・相違点、それが発生した要因について政治学の基本概念を使いながら分析することもできます。つまり、現実社会に応用できるだけの基本的な知識（とくに普遍的に通用する原理原則）と思考力を身につけることは役に立つのです。

本書の読了を契機としまして、学際的な基礎学力や問題解決力の向上など、皆様のさらなるご活躍につなげていただければ幸いでございます。

酒井　峻一

参考文献

全章あるいは複数の章で参考

Andrei Shleifer, (2002), "The New Comparative Economics", NBERResearch Summary, NBER Reporter: Fall 2002
池田信夫『「空気」の構造　日本人はなぜ決められないのか』白水社　二〇一三年
ウィリアム・H・マクニール（著）『世界史　上・下』増田義郎　佐々木昭夫（訳）中央公論新社　二〇〇八年
エドマンド・バーク（著）『フランス革命の省察』半澤孝麿（訳）みすず書房　一九八九年（新装）
奥西孝至　鵜澤歩　堀田隆司　山本千映『西洋経済史』有斐閣　二〇一〇年
加藤祐三　川北稔『アジアと欧米世界　世界の歴史　二五』中央公論社　一九九八年
木下康彦　木村靖二　吉田寅『詳説世界史研究　改訂版』山川出版社　二〇〇八年
佐藤信　五味文彦　高埜利彦　鳥海靖『詳説日本史研究　改訂版』山川出版社　二〇〇八年
佐藤優『国家論　日本社会をどう強化するか』日本放送出版協会　二〇〇七年
永原慶二（監修）『岩波　日本史辞典』石上英一　加藤哲郎　工楽善通　五味文彦　高埜利彦　西成田豊　藤井讓治　由井正臣　和田晴吾（編集）岩波書店　一九九九年
長谷川公一　浜日出夫　藤村正之　町村敬志『社会学』有斐閣　二〇〇七年
フェルナン・ブローデル（著）『物質文明・経済・資本主義　一五世紀―一八世紀』村上光彦　山本淳一（訳）みすず書房　一九八五―一九九九年
福井憲彦『近代ヨーロッパの覇権　興亡の世界史』講談社　二〇〇八年
福田歓一『近代の政治思想　その現実的・理論的諸前提』岩波書店　一九七〇年
F・A・ハイエク（著）『隷属への道　ハイエク全集　一・別巻』西山千明（訳）春秋社　二〇〇八年（新装版）

マックス・ヴェーバー（著）『職業としての政治』脇圭平（訳）岩波書店　一九八〇年
ミシェル・フーコー（著）『監獄の誕生　監視と処罰』田村俶（訳）新潮社　一九七七年
ミシェル・フーコー（著）『狂気の歴史　古典主義時代における』田村俶（訳）新潮社　一九七五年
ルイ・アルチュセール（著）『再生産について　イデオロギーと国家のイデオロギー諸装置』西川長夫　大中一彌　山家歩　伊吹浩一　今野晃（訳）平凡社　二〇〇五年
歴史学研究会『世界史史料五　ヨーロッパ世界の成立と膨張　一七世紀まで』岩波書店　二〇〇七年
歴史学研究会『世界史史料六　ヨーロッパ近代社会の形成から帝国主義へ　一八・一九世紀』岩波書店　二〇〇七年
碧海純一『法と社会　新しい法学入門』中央公論新社（初版当時は中央公論社）一九六七年
芦部信喜『憲法　第四版』岩波書店　二〇〇七年
伊藤正己　加藤一郎『現代法学入門　第四版』有斐閣　二〇〇五年
伊藤正巳『近代法の常識　第三版』有信堂高文社　一九九二年
大泉実成『説得　エホバの証人と輸血拒否事件』現代書館　一九八八年
勝田有恒　森征一　山内進『概説　西洋法制史』ミネルヴァ書房　二〇〇四年
川島武宜『日本人の法意識』岩波書店　一九六七年
小松一郎『実践国際法』信山社　二〇一一年
田中英夫『英米法総論　上・下』東京大学出版会　一九八〇年
恵頓（著）『万国公法』大築拙蔵（訳）司法省　一八八二年

近代経済

アダム・スミス（著）『国富論　一・二・三』大河内一男（訳）中央公論社　一九七八年
アダム・スミス（著）『道徳情操論　上・下』米林富男（訳）未来社　一九六九－一九七〇年
岩井克人『資本主義を語る』筑摩書房　一九九七年

カール・マルクス（著）『資本論　一・二・三』エンゲルス（編）　向坂逸郎（訳）　岩波書店　一九六九年
カール・マルクス　エンゲルス（著）『共産党宣言』大内兵衛　向坂逸郎（訳）　岩波書店　二〇〇七年（改版）
カール・マルクス（著）『経済学批判』武田隆夫　遠藤湘吉　大内力　加藤俊彦（訳）　岩波書店　一九五六年
クライブ・ポンティング（著）『緑の世界史　上・下』石弘之　京都大学環境史研究会（訳）朝日新聞社　一九九四年
シュムペーター（著）『資本主義・社会主義・民主主義』中山伊知郎　東畑精一（訳）　東洋経済新報社　一九九五年
シュムペーター（著）『経済発展の理論　企業者利潤・資本・信用・利子および景気の回転に関する一研究　上・下』
塩野谷祐一　中山伊知郎　東畑精一（訳）　岩波書店　一九七七年
J・M・ケインズ（著）『雇用・利子および貨幣の一般理論』塩野谷祐一（訳）　東洋経済新報社　一九九五年（普及版）
『聖書　新共同訳』共同訳聖書実行委員会（訳）　日本聖書協会　一九九六年
田家康『気候文明史』日本経済新聞出版社　二〇一〇年
N・グレゴリー・マンキュー（著）『マンキュー経済学　第二版　一・二マクロ編』足立英之　石川城太　小川英治
地主敏樹　中馬宏之　柳川隆（訳）　東洋経済新報社　二〇〇五年
ピーター・A・ホール　デヴィッド・ソスキス（著）『資本主義の多様性　比較優位の制度的基礎』遠山弘徳・
安孫子誠男・山田鋭夫・宇仁宏幸・藤田菜々子（訳）　ナカニシヤ出版　二〇〇七年
マイケル・E・ポーター　竹内弘高（共著）『日本の競争戦略』ダイヤモンド社　二〇〇〇年
マックス・ヴェーバー（著）『プロテスタンティズムの倫理と資本主義の精神』大塚久雄（訳）　岩波書店　一九八九年
（改訳）
ミルトン・フリードマン（著）『資本主義と自由』村井章子（訳）　日経BP社　二〇〇八年

近代政治

アザー・ガット（著）『文明と戦争　上・下』石津朋之　永末聡　山本文史（監訳）歴史と戦争研究会（訳）　中央公論
新社　二〇一二年

有賀弘　阿部斉　斎藤眞『政治　個人と統合　第二版』東京大学出版会　一九九四年
久米郁男　川出良枝　古城佳子　田中愛治　真渕勝『政治学』有斐閣　二〇〇三年
J・J・ルソー（著）『社会契約論』桑原武夫　前川貞次郎（訳）岩波書店　一九五四年
J・J・ルソー（著）『人間不平等起原論』本田喜代治　平岡昇（訳）岩波書店　一九七二年（改訳）
ジョン・ロック（著）『完訳　統治二論』加藤節（訳）岩波書店　二〇一〇年
T・ホッブズ（著）『リヴァイアサン　一・二』水田洋（訳）岩波書店　一九九二年（改訳）
ベネディクト・アンダーソン（著）『想像の共同体　ナショナリズムの起源と流行』白石さや　白石隆（訳）
NTT出版　一九九七年
村松岐夫『行政学教科書　現代行政の政治分析　第二版』有斐閣　二〇〇一年
ロバート・カレン（著）『子供たちは森に消えた』広瀬順弘（翻訳）早川書房　二〇〇九年

著者紹介

酒井峻一

慶應義塾大学総合政策学部卒業。学際的な環境で、社会科学だけでなく情報技術や自然科学の基礎も広く学ぶ。大学在学中から日本の社会科教育について問題意識を持ち、大学受験生や一般人の教養にとっても有用な総合教材の開発を目指す。卒業後、民間企業に勤務した後、個人事業主として活動。本書は自費出版『近代：社会科学の基礎』（2013年　ブイツーソリューション）の大改訂版。クールジャパンの一案として「大江戸B級文化ミュージアム」の実現も目指している。

http://en-culture.net/「社会の杜」を運営

高校生からわかる社会科学の基礎知識

2016年11月25日　初版発行

著者	**酒井峻一**
DTP・カバーデザイン	**株式会社デジカル**
校正協力	**株式会社ぷれす**
発行者	**内田真介**
発行・発売	**ベレ出版** 〒162-0832　東京都新宿区岩戸町12　レベッカビル TEL.03-5225-4790 Fax.03-5225-4795 ホームページ　http://www.beret.co.jp
印刷	モリモト印刷株式会社
製本	根本製本株式会社

ISBN978-4-86064-492-5 C0030　　編集担当　森 岳人